Sabine Wacker

Basenfasten – Das Kochbuch

basenfasten
die wacker-methode®

Sabine Wacker

Basenfasten

Das Kochbuch

TRIAS

BASICS

Das Basenfasten

BASISCH

Die Rezepte

Die **Erfinderin** des Basenfastens: **Sabine Wacker**

Sabine Wacker

ist die Frau hinter der Erfolgsmethode basenfasten - die wacker-methode®. Als Heilpraktikerin mit Medizinstudium und erstem Staatsexamen hat sie 1997 das basenfasten entwickelt. Mittlerweile hat sie über 30 Bücher verfasst und eine eigene Praxis in Mannheim geführt. Mit ihrem Sohn Matteo Wacker gründete sie die Wacker GmbH, die mit ihrem Team ausgewählte Hotels zertifiziert und hochwertige naturbelassene Bio-Produkte entwickelt, die es im eigenen Online-Shop www.bleibwacker.com gibt.

Mich zog es schon als Kind im Sommer und Herbst in den riesigen elterlichen Garten, wo es reife Himbeeren, Stachelbeeren, Johannisbeeren, Kirschen, Pflaumen, Pfirsiche und Äpfel in Hülle und Fülle gab. Mir schmeckten schon damals die reifen, frischen Früchte am besten und ich steckte mir bei jeder Gelegenheit eine Handvoll davon in den Mund. Heute weiß ich, dass ich mir damit eine gute Portion Basen und Bioaktivstoffe verschaffte, denn bei uns wurde gutbürgerlich gekocht und frisches Obst oder Gemüse war die Ausnahme und nicht die Regel.

Mit den Zusammenhängen, warum es tatsächlich gerade das reife Obst und Gemüse ist, das so wichtig für unsere Gesundheit ist, beschäftigte ich mich erst wesentlich später. Viele Jahre begleitete ich zunächst beruflich Menschen beim traditionellen Heilfasten, der Buchinger-Methode, die ich persönlich sehr schätze. Dieses Heilfasten ist aber nicht besonders alltagstauglich und vor allem ändert es oft nichts an ungesunden Ernährungsgewohnheiten.

Ich begann daher, mich intensiver mit Ernährung zu beschäftigen und danach zu forschen, wie man auf alltagstaugliche, vor allem nachhaltige und sanfte Weise fasten könnte. Was genau ist es denn, das den Entlastungseffekt beim Fasten ausmacht? fragte ich mich. Ich bin zur Überzeugung gelangt, dass es vor allem der Verzicht auf säurebildende Nahrungsmittel ist, der wie eine Reinigungskur für unseren Stoffwechsel wirkt. Entgiftung oder Detox genannt. Vor 23 Jahren wurde das Konzept des Basenfastens entwickelt und zunächst nur in einem überschaubaren Kreis ausprobiert und verfeinert. An der Entwicklung des Basenfastens – der Wacker-Methode® – war die gesamte Familie Wacker, auch mein Sohn Matteo, beteiligt – und er ist es heute mehr denn je.

Heute ist Basenfasten eine allseits bekannte und bewährte Methode, um auf sanfte Art zu fasten, zu entgiften und dennoch zu genießen. Ganz nebenbei nimmt man in ein bis zwei Wochen auch noch bis zu 4 kg ab. Und, was mir so wichtig ist: Beim Basenfasten lernt man die Genüsse und das Wohlbefinden, die einem basisches Obst und Gemüse verschaffen, unmittelbar kennen und lieben. Es ist ein Kinderspiel, auch im Anschluss an eine Basenfasten-Kur viel mehr gesundes Obst, Gemüse, Samen, Keimlinge und frische Kräuter auf den Tisch zu bringen, und damit dauerhaft die Säurelast zu verringern.

Dieses Kochbuch versorgt Sie dazu mit köstlichen Rezepten für jede Situation. Egal, ob es schnell gehen muss, ausgefallen sein soll, warm, kalt, Suppe, Salat, aus dem Ofen, Smoothie, fürs Büro, für den Thermomix, für Gäste … Der umfangreiche Rezeptteil lässt keine Wünsche offen und ist natürlich immer 100% basisch. Das heißt, frei von jeglichen Säurebildnern wie tierischem Eiweiß oder anderen belastenden Inhaltsstoffen. Beim Basenfasten sind die Rezepte allergenarm und zudem 100% vegan; das bedeutet: Entlastung und Entgiftung pur. Und natürlich: Genuss pur!

Willkommen beim Basenfasten! Viel Freude und Erfolg wünscht

Sabine Wacker im August 2021

BASICS

Das Basenfasten

Mein perfekter Basentag

Frühstück: Karotten-Zitronen-Saft mit Mandelmus

Besonders basisch | 2 Personen
7 Min. | Für jede Saison

5 große Karotten
1 unbehandelte Zitrone
1 EL Mandelmus

• • •

Die Karotten kurz mit der Gemüsebürste unter fließendem Wasser abbürsten, den Ansatz abschneiden, und die Karotten in den Entsafter geben. — Die Zitrone mit einer Zitruspresse entsaften, mit dem Mandelmus vermischen und unter den Karottensaft geben.

TIPP Das Provitamin A der Karotte kann nur mit Fett zusammen vom Körper aufgenommen werden. Die Mandeln sind so fetthaltig, dass sie diesen Zweck erfüllen.

Mittags: **Wildkräutersalat mit Kapuzinerkresseblüten**

Vitalstoffreich | **2 Personen**
15 Min. | **Für jede Saison**

je 100 g roter und grüner Lattich
1 kleines Bund Wildkräuter
1 Frühlingszwiebel
6–8 Kapuzinerkresseblüten
1 EL gekeimte Belugalinsen
Zutaten für das Karotten-Dressing (Seite 72)

• • •

Lattichblätter und Wildkräuter waschen, abtropfen lassen, klein zupfen und vermischen. – Frühlingszwiebel schälen, hacken und zur Sauce geben. Karotten-Dressing unter die Salatblätter mischen. Kapuzinerkresseblüten und gekeimte Belugalinsen darüberstreuen.

Abends: **Fenchelcremesuppe**

Vitalstoffreich | **2 Personen**
20 Min. | **Für jede Saison**

2 Fenchelknollen
3 Kartoffeln
1 Schalotte
1 EL Sonnenblumenöl
weißer Pfeffer
1 Prise Muskat
etwas Kurkuma
1 l Gemüsebrühe

• • •

Den Fenchel waschen, holzige Stellen entfernen und in etwa 8 Teile schneiden. Etwas Fenchelgrün beiseitelegen. – Die Kartoffeln schälen und in Scheiben schneiden. – Die Schalotte klein schneiden und im Öl andünsten. Fenchel, Kartoffeln und die Hälfte der Gemüsebrühe zur gedünsteten Schalotte geben und auf mittlerer Stufe weiter erhitzen. – Wenn die Gemüse gar sind, die Suppe mit dem Zauberstab pürieren und so lange weiter Gemüsebrühe zugeben, bis eine schöne cremige Konsistenz erreicht ist. Mit dem Fenchelgrün verziert servieren.

Wie geht Basenfasten?

Den Körper entlasten, entsäuern und überflüssige Kilos verlieren. Frisches, leckeres Obst und Gemüse bewusst genießen. Achtsam essen und die Sinne verfeinern. Das ist Basenfasten. Detox pur. Eine Woche lang verwöhnen Sie Ihren Körper mit rein basisch wirkenden Lebensmitteln. Basenfasten ist 100% vegan, also komplett frei von tierischem Eiweiß und von jeglichen tierischen Produkten.

Hauptsache basisch

Wenn Sie nur Säfte oder Gemüsebrühe zu sich nehmen, wie dies beim eigentlichen Fasten oder auch beim Saftfasten und Suppenfasten der Fall ist, wird der Stoffwechsel heruntergefahren. Beim Basenfasten dagegen essen Sie eigentlich ganz normal – Sie lassen lediglich alle säurebildenden Nahrungsmittel weg. Sie ernähren sich 100% basisch. Dadurch geht die Stoffwechselarbeit unverändert weiter, nur die Belastungsfaktoren fallen weg. Ihr Körper entgiftet genauso wie beim traditionellen Fasten, doch ohne auf den Genuss des Essens zu verzichten. Sie essen sich satt und fühlen sich rundum wohl. Ganz nebenbei können Sie bis zu vier Kilo in einer Woche verlieren.

Wenn reines Fasten problematisch für Sie ist, weil Sie z. B. zu starken Heilkrisen neigen, ist das sanfte Basenfasten genau richtig für Sie. Basenfasten wird viel besser vertragen und lässt sich leicht in jeden noch so stressigen Alltag einbauen. Grundsätzlich ist alles erlaubt, was der Körper basisch verstoffwechselt. Dies sind im Wesentlichen Obst, Gemüse und Kräuter. Pflanzenöle wirken neutral und sind eine köstliche Bereicherung der Basenfasten-Küche. Aber natürlich kommt es auf die Zusammensetzung und die Menge an.

Basisch gegen überflüssige Pfunde

Unsere Figur ist zum einen vom Körpergewicht und zum anderen vom Muskelzustand abhängig. Wenn sich Ihre Figur ändern soll, Sie also gern weniger Fettpölsterchen und ein strafferes Aussehen hätten, dann benötigen Sie sowohl eine Ernährungsumstellung als auch Muskeltraining. Es kommt auf das Zusammenspiel beider Methoden an und auf die Dauerhaftigkeit, mit der Sie sie verfolgen. Machen Sie keine schnellen Fett-weg-Diäten, die Ihren Stoffwechsel stressen, um danach wieder Fastfood zu essen, was Ihr Bindegewebe übersäuert. Und bleiben Sie dran am Sport. Nur durch regelmäßig betriebene Bewegung können Sie – in Verbindung mit vitalstoffreicher Ernährung – dauerhaft die Muskulatur und das Bindegewebe festigen.

Wer übergewichtig ist und mehr als 4–6 Kilo abnehmen möchte, hat mit dem Basenfasten eine hervorragende Methode an der Hand, sein Gewicht dauerhaft zu reduzieren. Die vielen positiven Erfahrungen in der Praxis haben gezeigt, dass gerade die Ernährungsumstellung, die hinter dem Konzept Basenfasten steckt, wesentlich zum Erfolg beiträgt. Wenn Sie dauerhaft Gewicht verlieren möchten, verlängern Sie die einwöchige Basenfastenzeit um 1 bis 4 Wochen. Ein tägliches Bewegungsprogramm von 30–45 Minuten rundet das Programm ab – so purzeln die Pfunde nach und nach, und die lästigen Figurprobleme gehören bald der Vergangenheit an. Danach wird die Ernährung nach der 80:20-Regel auf überwiegend basisch umgestellt.

In meinem Buch »Meine basische Küche« finden Sie jede Menge wichtiger Infos und Tipps sowie leckere Rezepte für die Zeit nach dem Basenfasten – eine vitale Inspirationsquelle für das basenreiche schlanke und gesunde Leben.

Machen Säuren krank?

Ein gesunder Organismus benötigt sowohl Säuren als auch Basen. Die Krux dabei ist, dass der Körper ständig einen großen Säureüberschuss im Rahmen seiner Stoffwechselvorgänge produziert und im Verhältnis dazu nur eine sehr geringe Menge an Basen. Daher ist er darauf angewiesen, eine große Menge an Basen mit der täglichen Nahrung aufzunehmen. In den vergangen 20 Jahren haben zahlreiche wissenschaftliche Studien belegt, dass eine hohe Säurebelastung durch die Nahrung – in Verbindung mit wenig Bewegung und Stress – an der Entstehung und am Fortschreiten zahlreicher chronischer Erkrankungen mitwirkt. Zu nennen sind hier vor allem die Forschungen und Arbeiten von Professor Dr. Thomas Remer am Forschungsinstitut für Kinderernährung an der Uni Dortmund, der im Rahmen seiner Langzeitstudie, der DONALD-Studie, unter anderen wertvolle Erkenntnisse zur Bedeutung säurelastiger Ernährung in Bezug auf Stresshormone gewonnen hat (siehe Kasten).

Trotz vieler Studien dazu sind diese Erkenntnisse noch nicht allgemein anerkannt. Wundern Sie sich daher nicht, wenn Sie von dem ein oder anderen Arzt oder Wissenschaftler belächelt werden, wenn Sie eine Basenfasten-Kur machen. Lassen Sie sich auf die basische Genusswelt ein und erleben und erfahren Sie mit allen Sinnen, wie sich basische Vitalität anfühlt.

Bereits mit 1 oder 2 Wochen Basenfasten geben Sie Ihrem Organismus die Grundlage, um gesund zu werden oder zu bleiben; vorausgesetzt, Sie behalten auch nach dem Basenfasten Obst, Salate, Gemüse, Nüsse und Keimlinge oft auf Ihrem Speiseplan. In diesem Buch lernen Sie dazu köstliche und abwechslungsreiche Rezepte für alle Lebenslagen (schnelle Gerichte, fürs Büro und schön für Gäste) kennen, sodass Sie aus einem reichen Fundus schöpfen können und es nie langweilig wird.

Basen machen gesund

In den über 20 Jahren, seit wir das Basenfasten entwickelt haben, ist eine Sammlung von Erfolgsgeschichten entstanden, die zeigen, wie häufig chronische Beschwerden aller Art sich gebessert haben oder ganz verschwunden sind.

Besonders bei Kopfschmerzen, Magen-Darm-Beschwerden und Infektanfälligkeiten verzeichnen wir mit dem Basenfasten große Erfolge. Frauen, die Probleme mit ihrer Regelblutung oder mit den Wechseljahren haben, bekommen mit dem Basenfasten eine sanfte Therapie an die Hand.

Basen gegen Stress

Säurelastige Ernährung, wenig Bewegung und Stress – wer kennt das nicht? Als wäre diese Kombination nicht schon unvorteilhaft genug für ein gesundes Leben, hat Professor Thomas Remer nun gezeigt, dass auch die säurelastige Ernährung selbst unseren Körper stresst. In einer neuen Studie konnte er zeigen, dass säurelastige Ernährung die Konzentration von Stresshormonen im Blut erhöht, was sich auf den Blutdruck, die Knochendichte, aber auch auf den gesamten Stoffwechsel – auch auf den Hormonstoffwechsel – auswirkt.

Auch zur Osteoporose-Prophylaxe tragen Basenbildner in der Nahrung entscheidend bei. Nach all den Jahren Erfahrung mit dem Basenfasten kann ich sagen, dass sich diese schonende und milde Fastenart bei fast allen chronischen Erkrankungen als hilfreich erwiesen hat. So gibt es bislang bei folgenden Erkrankungen Erfolge zu verzeichnen:

- Allergien
- Arthrose
- Asthma
- chronischen Nasennebenhöhlenentzündungen
- chronischen Nierenerkrankungen
- chronischen Schmerzen
- hormonellen Störungen
- Infektanfälligkeit
- Magen-Darm-Erkrankungen
- Migräne
- Neurodermitis
- Osteoporose
- Rheuma
- Schlafstörungen
- Verstopfung
- Wechseljahresbeschwerden

Fünfmal mehr Basen auf den Teller

Der schwedische Forscher Ragnar Berg (1873–1956) gilt als Begründer der Basentheorie und empfahl, täglich fünfmal mehr Basen als Säuren zu sich zu nehmen – eine Theorie, die sich seit nun über 90 Jahren in der Praxis bewährt hat. Daher spricht man auch von der 80:20-Regel: 80% der Nahrungsmittel sollten basisch, lediglich 20% der Nahrungsmittel sollten sauer reagieren. Betrachten wir uns nun unter diesem Aspekt die Gemüse- und Obstecken, die in vielen Lebensmittelgeschäften ein klägliches und unfrisches Dasein führen, dann wird schnell klar, wo das Problem liegt. Wer will sich schon überwiegend von einem blassen, welken Feldsalat ernähren, der in dem fahlen Neonlicht, das ihn beleuchtet, noch blasser erscheint? (Davon abgesehen, dass der Nährwert solcher überdüngter Produkte zu wünschen übrig lässt.) Und natürlich muss es schnell gehen – also greifen wir zu Fertigprodukten, und das Ergebnis sieht dann meist so aus: Die moderne Zivilisationskost enthält zu 80% Säurebildner. Wenn wir uns dann lange genug so ernähren, werden wir irgendwann sauer. Mit anderen Worten: Wenn Sie sich heutzutage »normal« ernähren, sind Sie automatisch übersäuert. Wenn Sie jedoch nicht übersäuert sein wollen, müssen Sie aktiv etwas dafür tun.

Mein Tipp: Kaufen Sie Ihr Gemüse auf dem Wochenmarkt und ziehen Sie sich Ihre Sprossen zu Hause auf der Fensterbank selbst. So sind Ihnen Ihre Vitalstoffe garantiert.

Brauche ich Basenfasten?

Grundregel Nummer eins: Machen Sie sich bloß nicht verrückt! Vergessen Sie alle angstmachenden Facebook-Posts und Artikel, die Ihnen fast jedes Lebensmittel madig machen wollen. Angst ist der schlechteste Ratgeber, den man sich nur vorstellen kann. Vertrauen Sie sich und Ihrem Körper wieder. Sie selbst spüren genau, ob Sie sich gesünder ernähren sollten oder nicht. Sie spüren das nicht? Sind völlig verunsichert, weil jeder Ihnen was anderes erzählt? Ziehen Sie sich zurück und begeben Sie sich auf die Suche nach Ihrem inneren Ratgeber. Eine Möglichkeit, den Zugang zu sich wieder zu finden, bietet eine Basenfasten-Kur – eine wunderbare Chance, die innere Stimme wieder wahrzunehmen und wieder ein Gefühl für sich zu bekommen.

Solange Sie diesen Zugang nicht haben, dienen die im Kasten genannten Fragen als Hilfestellung dafür, ob Ihr Körper schon nach Basenfasten schreit.

Grundregel Nummer zwei: Vergessen Sie die verschiedenen Tests. Der gebräuchlichste Test ist die pH-Wert-Bestimmung des Morgenurins, der alleine aber keine Aussage über den Zustand des Säure-Basen-Haushaltes macht. Sie sollten ihn stets über einige Tage oder Wochen mehrmals täglich durchführen und dann von einem Profi auswerten lassen. Selbst durchgeführt, verwirrt er Sie mehr, als dass er hilft. Die folgenden Fragen sind da hilfreicher.

So funktioniert Basenfasten

Basenfasten funktioniert ganz einfach: Sie können die Basenfasten-Kur entweder zu Hause oder während einer entspannten Auszeit in einem der zertifizierten Basenfasten-Hotels nach der Original Wacker-Methode® durchführen. Für 1 oder 2 Wochen werden dann alle Säurebildner von Ihrem Speiseplan verbannt und schon beginnt der Körper, überschüssige Säuren loszuwerden. Im Prinzip ist es kinderleicht und lässt sich prima in Ihren Alltag integrieren oder während Ihres Urlaubs auch in einem der zertifizierten Basenfasten-Hotels durchführen.

In diesem Buch finden Sie eine große Auswahl an schnellen und einfachen Rezepten, aber auch an aufwändigen und raffinierten – beispielsweise für Gäste. Doch nicht nur was Sie essen, auch wie Sie essen und wie Sie Ihren Basenfastentag gestalten, trägt entscheidend zum Erfolg des Basenfastens bei. Daher mein Tipp: Lesen Sie die folgenden Basics und die 10 goldenen Wacker-Regeln aufmerksam durch. Für alle Basenfasten-Einsteiger gilt: Keine Panik, wenn Sie das ein oder andere Basic während der Basenfasten-Kur nicht in die Tat umsetzen können. Am besten betrachten Sie die Basics als Orientierung. Die wichtigsten Basics sind 100 % basische Ernährung und die Darmreinigung. Wenn Sie die Darmreinigung unter den Tisch fallen lassen, dann kommt es in den ersten Tagen gerne zu Blähungen und Verdauungsstörungen – auch Kopfschmerzen sind möglich.

Motivation

Die Motivation ist der Motor, damit Sie mit Erfolg basenfasten können. Motivation basiert auf Freiwilligkeit. Und wenn Sie sich freiwillig zu 1 Woche Basenfasten entschließen, dann sind Sie schon motiviert. Manchmal reicht die Motivation nicht für eine ganze Woche und Sie müssen sich an manchen Tagen etwas Motivierendes einfallen lassen. Vielleicht eine Belohnung? Eine schicke Hose, wenn die Pfunde gepurzelt sind? Oder ein Wellnesstag? Denken Sie einfach daran, wie gut diese Woche Ihrem Körper und Ihrer Seele tut. Das reicht oft schon aus. Besinnen Sie sich wieder auf Ihre ursprüngliche Motivation – warum wollten Sie noch mal basenfasten? Ah ja, genau – weil … Auch das hilft.

100 % basisch

Beim Basenfasten kommen ausschließlich Basen auf den Teller, daher ist dies ein absolutes Basic. Und darin unterscheidet sich das Basenfasten von all den Säure-Basen-Diäten, die auf dem Markt sind. Basenfasten ist 100 % basenbildend – ohne Kompromisse. Durch den völligen Verzicht auf Säurebildner können die abgelagerten Säuren endlich mobilisiert und ausgeschieden werden – vorausgesetzt, Sie trinken genügend. Im folgenden Kapitel finden Sie alle Lebensmittel, die Sie während des Basenfastens zu sich nehmen dürfen. Und im großen Rezeptteil gibt's eine breite Auswahl an rein basischen Rezepten.

Wie steht es um meinen Säure-Basen-Haushalt?

Beantworten Sie sich in Ruhe folgende Fragen:

- Bin ich frei von chronischen Krankheiten?
- Ich leide nicht unter Migräne, Allergien, Rheuma, Asthma oder an einer anderen chronischen Erkrankung?
- Bin ich im Allgemeinen frei von Schmerzen?
- Ist meine Haut rein und strahlend?
- Habe ich glänzendes und schwungvolles Haar?
- Sind meine Nägel glatt, glänzend, fest?
- Fühle ich mich nach ausreichendem Schlaf erfrischt?
- Ist meine Verdauung in Ordnung?
- Sind meine Körperausdünstungen angenehm?
- Steht meine Schweißbildung in einem angemessenen Verhältnis zu meinen körperlichen Aktivitäten?
- Fühle ich mich im Großen und Ganzen gesund und vital?

Wenn Sie sich diese Fragen alle mit ja beantwortet haben, dann können Sie davon ausgehen, dass sich Ihr Organismus im Säure-Basen-Gleichgewicht befindet. Wenn Sie hingegen an einer oder mehreren chronischen Erkrankungen leiden, ist eine Basenfasten-Kur eine Überlegung wert.

Selbst bei den sogenannten »veganen Basenfasten-Wochen«, von denen es mittlerweile viele auf dem Gesundheitsmarkt gibt, finden sich oft immer noch Säurebildner in den Rezepten. Vielmehr handelt es sich hier um Diäten, bei denen zwar die Säurebildner in den Hintergrund treten, aber Basenbildner nicht ausschließlich die Hauptrolle spielen. Viele der Rezepte enthalten dann säurebildende Nahrungsmittel wie Getreide- und Sojaprodukte. Damit können Sie Ihren Körper erfahrungsgemäß wesentlich langsamer entsäuern, als es mit dem originalen Basenfasten nach Wacker möglich ist. Unsere Erfahrung zeigt: Nur bei einer 100% basischen Kost können die eingelagerten Säuren mobilisiert und ausgeschieden werden.

100 % vegan

Vegan und fasten müssen sich nicht ausschließen, denn Basenfasten ist 100% vegan. Beim originalen Basenfasten nach Wacker gibt es nur pflanzliche Lebensmittel. Schauen Sie genau hin: Es gibt inzwischen Bücher und Basenfasten-Angebote, in denen die Autoren auch Sahne, Butter und mehr erlauben. Das ist nicht Basenfasten. Und auch Getreide, obwohl es vegan ist, gehört nicht in eine Basenfasten-Kur, es sei denn, das Getreide ist gekeimt. Basenfasten ist insofern nicht dasselbe wie vegane Ernährung, da es frei von Getreide ist.

100 % allergenarm

Das Basenfasten ist frei von allen tierischen Produkten und daher laktosefrei und auch histaminarm. Auch Lebensmittel, die Purine und organische Säuren enthalten und dadurch sauer im Körper wirken, haben bei einer Basenfasten-Kur nichts zu suchen, sodass die Kur ausschließlich auch zu 100% basisch und allergenarm ist. Dadurch, dass lediglich Basenbildner nach Wacker auf den Speiseplan kommen, ist diese Fastenkur völlig frei von tierischem Eiweiß und von Getreideprodukten und daher besonders für Allergiker günstig. Selbst, wenn Sie also an Allergien oder Nahrungsmittelunverträglichkeiten leiden, können Sie genauso das Basenfasten durchführen wie jeder andere gesunde Mensch auch. So lassen wir auch Sojaprodukte, die eigentlich gerade bei vielen Menschen als Fleischersatz genutzt werden, weg. Denn Soja ist sowohl ein Säurebildner als auch ein Allergen. Sojaprodukte und andere Hülsenfrüchte sind durch die Purine und das Eiweiß Säurebildner und daher fürs Basenfasten nicht geeignet. Der hohe Eiweißgehalt der Sojabohnen veranlasst viele Menschen, vor allem Vegetarier, Sojaprodukte in ihren Speiseplan aufzunehmen. Das Eiweiß aus Hülsenfrüchten ist in der Tat ideal, da es wesentlich besser verwertet werden kann als tierisches Eiweiß. Gleichzeitig ist der hohe Eiweißgehalt ein Problem für Allergiker. Eine Ausnahme bilden frische Keimlinge und traditionell hergestellte Sojasoßen. Frische Sojabohnenkeimlinge werden – wie alle Keimlinge – durch die enzymatische Umwandlung im Keimprozess basisch verstoffwechselt. Zudem enthalten sie jede Menge Vitamine, Mineralien und Bioaktivstoffe. Deshalb Basenfasten lieber ohne Soja!

Fast 100 % glutenfrei

Getreide und alle Produkte, die Getreide und Pseudogetreide enthalten, stehen beim Basenfasten nicht auf dem Speiseplan, auch dann nicht, wenn es sich um ungeschälte, also Vollkorngetreidesorten wie Dinkel, Rogen oder Hafer handelt. Alle Getreidesorten, auch Pseudogetreide, sind mehr oder weniger säurebildend. Da gerade die Unverträglichkeit von Weizen und Weizenprodukte sehr zunimmt, kommt dies Menschen mit erhöhter Sensibilität für Weizen und/oder Gluten sehr entgegen. Die zunehmende Unverträglichkeit von Gluten ist größtenteils bedingt durch die jahrzehntelange industrielle Bearbeitung des Saatgutes, da es darin in höherer Konzentration vorhanden ist. Dies bestätigen auch meine Erfahrungen in der Praxis, deshalb habe ich bei meiner Methode komplett auf die Verwendung von Getreideprodukten verzichtet. Einzig Getreide in Form von Keimlingen ist beim Basenfasten erlaubt (z.B. im Müsli). Allerdings ist Basenfasten dann nicht mehr zu 100% glutenfrei.

Ballaststoffreiche Kost

Ballaststoffe stecken vor allem in Obst und Gemüse und die gibt es während der Basenfasten-Auszeit reichlich. Wer sich sonst eher ballaststoffarm mit viel Fleisch, Wurst, Käse, Weißbrot und Eiern statt Obst und Gemüse ernährt, der klagt nicht selten über Verdauungsprobleme. Dabei sind Ballaststoffe ausgesprochen wichtig für unseren Körper. Beim Basenfasten kommen die besten Lebensmittel mit vielen Ballaststoffen für eine gesunde Darmflora auf den Speiseplan und unterstützen so die Arbeit Ihres Darms. Zwar können Ballaststoffe im Magen-Darm-Trakt nicht verdaut werden, dafür fungieren sie als natürliche Quellstoffe, die Wasser binden und für ein langes Sättigungsgefühl sorgen können. Außerdem sagt man ballaststoffreichen Lebensmitteln viele gesundheitsfördernden Eigenschaften nach wie eine cholesterinsenkende Wirkung und eine positive Beeinflussung der Darmflora und der Verdauung.

Grüne Küche zum Genießen

Genuss ist untrennbar mit gutem Essen verbunden. Und warum sollte gesundes Essen nicht genießbar sein? Es ist die mangelnde Fantasie, die in den Küchen der Menschen ewig dieselben Gerichte entstehen lässt: viel Fleisch, Nudeln, Käse, Sahne und ein wenig Salat gegen das schlechte Gewissen. Doch liebevoll angerichtet am gemütlich gedeckten Tisch macht auch gesundes Essen Spaß. Und noch eins: Kauen Sie gründlich! Wenn Sie wirklich gut und langsam kauen, dann steigert sich der Genuss des Essens. Wenn Sie Ihr Essen schnell herunterwürgen, bekommen Sie den Geschmack doch kaum mit und können es nicht genießen.

Quellwasser und Kräutertee – Trinken ist wichtig

Beim Basenfasten kommt es vor allem darauf an, durch eine hohe Trinkmenge eine möglichst gute Durchspülung des Körpers zu erreichen. Dadurch können Stoffwechselgifte und Schlacken leichter und schneller den Körper verlassen.

Das Einhalten der empfohlenen Trinkmengen von 2 bis 3 Litern beim Basenfasten fällt vielen Menschen nicht leicht. Dabei trägt Trinken zur schnelleren Gewichtsabnahme bei und es durchspült die Lymphe und die Nieren. Empfohlene Trinkmenge während des Basenfastens:

— 2,5 bis 3 Liter pro Tag, und zwar reines Quellwasser und stark verdünnte Kräutertees

Wenn Sie Wert auf ein wirklich gutes Wasser legen, das auch die Entgiftung gut unterstützt, dann sollten Sie sich im Reformhaus, in Bioläden und in Getränkemärkten umschauen. Dort gibt es eine reichliche Auswahl an mineralienarmen Wassersorten, die teilweise reine Hochgebirgswasser sind und ohne Druck abgefüllt werden. Ob ihr pH-Wert basisch oder neutral ist, spielt dabei keine Rolle, denn da sie mineralienarm sind, unterliegen sie hier nur geringen Schwankungen.

Die Fachwelt streitet sich, ob Wasser mineralienarm oder -reich sein sollte. Unsere Erfahrung zeigt, dass im Rahmen einer Entlastungs- und Entsäuerungskur mineralienarme Wasser sich als effektiver erweisen.

Trinken Sie

— den 1. Liter für den Vormittag bis zur Mittagspause
— den 2. Liter für den Nachmittag bis zum Feierabend
— den 3. Liter für den Feierabend.

Stellen Sie sich für jeden der drei Zeitabschnitte eine 1-Liter-Flasche Wasser oder eine 1-Liter-Thermoskanne Wasser oder Kräutertee zurecht und nehmen Sie sich vor, bis zum Ende des jeweiligen Zeitabschnitts alles getrunken zu haben.

Kräutertee, aber welcher?

Sie können Ihre erforderliche Trinkmenge von 2,5–3 Liter aber auch mit Kräutertee abdecken – allerdings mit stark verdünntem, d.h. 1 Beutel Tee auf 1 Liter Wasser. Als Teesorten kommen alle Kräutermischungen infrage, die wirklich nur aus einheimischen Kräutern ohne Zusätze bestehen. Bitte bedenken Sie: Auch eine Kräuterteemischung hat eine Heilwirkung, denn alle Kräuter, auch Pfefferminze und Zitronenmelisse haben eine gesundheitsfördernde Wirkung. Verwenden Sie deshalb möglichst keine Einzelteesorten wie Pfefferminztee oder Kamillentee in größeren Mengen. Wenn Sie während der Basenfastenwoche einen speziellen Heiltee trinken möchten, wie beispielsweise Brennnesseltee, dann trinken Sie bitte pro Tag immer nur 1 oder 2 Tassen davon. Achtung: Früchtetees reagieren im Organismus sauer und Roiboos kann in großen Mengen den Kreislauf schwächen.

Nicht vernachlässigen: Bewegung

Die Bedeutung regelmäßiger Bewegung ist leider noch nicht genügend ins Bewusstsein vieler Menschen getreten. Und diejenigen, die es wissen, verhalten sich meist so wie beim Thema gesunde Ernährung: »Ich weiß, ich sollte …« Das reicht leider nicht ganz aus. Wenn Sie ein Bewegungsmuffel sind, dann nehmen Sie sich doch wenigstens für die Basenfasten-Woche ein Bewegungsprogramm vor. Setzen Sie sich täglich ein Ziel: Jeden Tag eine ¾ Stunde im Park spazieren gehen. Das genügt schon völlig. Das Ziel muss realisierbar und in Ihren Alltag integrierbar sein. Wenn Sie Zeit haben, schwimmen zu gehen und danach einen Saunabesuch zu machen, ist das natürlich wunderbar. Tun Sie es! Auch Gymnastik oder Methoden wie Yoga, Tai-Chi und Qigong eignen sich gut. Der Vorteil dieser Techniken ist, dass hierbei automatisch die Atmung mitberücksichtigt wird und der Geist zur Ruhe kommt. Da hierbei auch der Stoffwechsel, die Durchblutung und alle Körperfunktionen harmonisiert werden, ist die Wirkung umfassend.

Erholen Sie sich!

Gönnen Sie sich in der Basenfastenwoche genügend Schlaf und Ruhephasen. Durch ausreichende Erholung entsäuern und entgiften Sie Ihren Organismus. Die beste Erholung bekommen wir nachts. Hier sorgen der Stoffwechsel und die Leber für die Entgiftung, die Haut und das Nervensystem erholen sich vom Tagesstress. Voraussetzung ist, dass der Schlaf ausreichend ist, das heißt 8–9 Stunden. Der Schlaf vor Mitternacht hat eine größere Erholungskraft als der nach Mitternacht. Versuchen Sie daher, während der Basenfastenwoche früh ins Bett zu gehen. Für den reibungslosen Ablauf der Stoffwechselvorgänge in der Nacht ist das von großem Nutzen. So kann der Körper am nächsten Morgen die Säuren gut ausscheiden.

Tipps für einen erholsamen Schlaf

— Abends keine »aufregenden« Tätigkeiten mehr, sondern etwas, das Sie beruhigt und entspannt. Wenn Sie noch ein wenig lesen wollen, dann wählen Sie ein beruhigendes Buch und vor allem: Arbeiten Sie nicht bis spät in die Nacht.

— Wenn Ihnen nachts zu viele Gedanken und zu viele unerledigte Dinge im Kopf herumgehen, schaffen Sie sich ein Tagebuch an und schreiben Sie diese Gedanken nieder, dann sind sie aus Ihrem Kopf, und Sie können in Ruhe schlafen.

— Was auch hilft: ein entspannendes Bad am Abend, ein Aromabad mit Honig und Mandel, ein Ölbad mit Lavendel oder mit Melisse. Wenn Sie am Abend ein Basenbad machen – wie das »BasenCitrate Basenbad« (erhältlich im Wacker Shop) –, dann erzielen Sie damit einen doppelten Effekt.

Säurebildner sind jetzt mal tabu

Alle säurebildenden Lebensmittel sind während des Basenfastens tabu. Das ist entscheidend für den Erfolg dieser Woche. Aber was sind denn Säurebildner? Hier sind all die Lebensmittel gemeint, die der Körper zu Säuren umbaut.

Säurebildner sind

— jede Art Fleisch, Wurstwaren, Schinken, Fleischbrühe

— alle Fische und Schalentiere

— (fettarme) Milchprodukte – auch von Schaf und Ziege – wie Quark, Joghurt, Kefir, Molke und alle Käsesorten

— Ei, Eiweiß

- Senf und Essig
- Hülsenfrüchte, auch Lupinen, Sojabohnen und Sojaprodukte
- Spargel, Rosenkohl, Artischocken
- kohlensäurehaltige Getränke (auch Mineralwässer)
- Zucker und alle Süßigkeiten, insbesondere die, die mit Fabrikzucker, aber auch mit Vollrohrzucker oder mit Honig hergestellt wurden
- Kaugummi, auch zuckerfreies
- Eis, auch Wasser-, Joghurt- und Sojaeis
- alle Vollkornprodukte, egal von welchem Getreide
- alle Weißmehlprodukte, auch graue Brötchen
- alle Teigwaren, auch Mais-, Dinkel-, Kamut-, Hirse-, Reis- und Sojanudeln
- Essener Brot – traditionell aus gekeimtem Getreide hergestellt
- geschälte und polierte Getreide, auch polierter Reis
- Pseudogetreide wie Teff, Canihua, Quinoa, Amaranth, Buchweizen
- gehärtete, raffinierte Fette und Öle, billige Salatöle, Margarine, auch Diätmargarine
- alle Nüsse außer Mandeln, Paranüsse, Macadamianüsse, Pistazien, Zedernkerne und Walnüsse
- Softdrinks wie Limonaden, Cola, Fruchtgetränke, Energy Drinks
- Bohnenkaffee, Malzkaffee, Getreidekaffee, Instandkaffee, koffeinfreier Kaffee
- schwarzer, grüner und weißer Tee, Matetee, Früchtetee, Roiboos-Tee
- Eistee mit Zucker und Süßstoff
- Alkohol
- Fertigprodukte, die Säurebildner enthalten

Säurebildner aus dem Supermarkt

Gehen Sie nur einmal offenen Auges durch einen Supermarkt und sehen Sie sich den Inhalt der Regale an: Konserven, Fertiggerichte, riesige Fleisch-, Wurst- und Käsetheken, Milchprodukte mit Zucker und Aromastoffen, Limonaden, gesüßte Fruchtsäfte, Alkohol, Kaffee, Süßigkeiten, Tiefkühlpizzas und vieles mehr. Ernährungstechnisch gesehen sind dies alles Säurebildner. Diese erzeugen im Organismus bei ihrer Verdauung chemische Verbindungen, die sauer reagieren. Für unsere Gesundheit ist es aber von großer Bedeutung, dass wir auch in optimaler Menge Basenbildner zuführen. Dies ist umso wichtiger, da der Körper zwar jederzeit Stoffe in Säuren umbauen kann, bei den Basen aber auf die Zufuhr über die Nahrung angewiesen ist.

Basenbildner liefert die Natur

Fast alle Pflanzen und pflanzlichen Produkte mit wenigen Ausnahmen reagieren im Körper basisch. Auch Algen, Samen sowie einige Nüsse wie Mandeln und frische Walnüsse wirken basenbildend. Hochwertige, also kalt gepresste Pflanzenöle, reagieren neutral und sind daher erlaubt. Tierische Produkte dagegen, vor allem Fleisch, Fisch und Milchprodukte, aber auch stark verarbeitete Produkte aus Weißmehl und Zucker werden im Körper sauer verstoffwechselt.

Die »saure Lebensweise«

Auch die Lebensweise beeinflusst den Säure-Basen-Haushalt. Nicht umsonst sagt man: »Ich bin total sauer auf…«. So ist nicht nur Stress säurebildend, auch Ihre Gefühle zeigen an, wie basisch oder wie sauer Sie sind. Deshalb: Stressen Sie sich nicht und gehen Sie das Basenfasten »locker« und gut motiviert an. Freuen Sie sich darauf, dass Sie am Ende wieder in Ihre Lieblingsjeans passen und dabei den Körper entgiftet haben – schöne Gedanken entsäuern. Besonders die hektische Lebensweise, das schnelle und unregelmäßige gedankenlose Essen sind hier zu nennen.

Weitere Säurebildner:

- Geschäftsessen
- Bewegungsmangel
- Elektrosmog
- Leistungssport
- Schlafmangel
- Angst, Wut, Ärger, Stress
- unregelmäßige und/oder ausfallende Mahlzeiten

Regelmäßig gemütlich eingenommene Mahlzeiten im Kreise lieber Menschen tun dem Säure-Basen-Haushalt sehr gut!

Die 10 goldenen Wacker-Regeln

1

Rohkost nur, wenn Sie es vertragen

Dass Rohkost gesund ist, weiß jeder. Wenn Sie Rohkost aber nicht gut verdauen können, dann belastet das Ihren Darm und das ist nicht gesund. Achten Sie deshalb genau auf Ihren Körper: Wenn Sie oft mit Blähungen oder Schmerzen auf Rohes reagieren, dann sollten Sie das Gemüse lieber schonend dünsten. Wenn Sie unempfindlich sind, dann können Sie rohes Obst und Gemüse nach Herzenslust – bis 14 Uhr – verzehren.

2

Obst und Rohes nur bis 14 Uhr

Und daraus folgt die 2. Wacker-Regel: Nach 14 Uhr behindert Rohkost die Leber bei ihren internen Stoffwechselarbeiten und ist dadurch schwerer verdaulich. Gesunde merken das nicht direkt. Darmempfindliche spüren das jedoch in Form von Blähungen, Verstopfung oder Durchfall. Essen Sie frisches Obst der Saison immer nur auf nüchternen Magen – also idealerweise zum Frühstück.

3

Essen Sie nach 18 Uhr nichts mehr

Was nach 18 Uhr gegessen wird, geht auf die Hüften und es überfordert die Leber. Der interne Stoffwechsel der Leber ist in der Nacht besonders aktiv und kann, wenn er nicht durch zusätzliche Mahlzeiten gestört wird, nachts für Ihre Entgiftung sorgen. So arbeitet Ihr Körper für Sie, während Sie schlafen.

4

So naturbelassen wie möglich

Da beim Erhitzen Vitalstoffe verloren gehen, ist es wichtig, dass Sie Ihre Gemüsegerichte besonders schonend zubereiten. Lassen Sie Gemüse nie ganz weich werden und braten Sie nicht zu viel. Am schonendsten können Sie Gemüse im »Gemüsedämpfer« zubereiten. Das ist ein Edelstahltopf mit einem Siebeinsatz, in dem das Gemüse nicht im Wasser liegt, sondern nur durch den Dampf gegart wird. Das schont die Vitalstoffe und erhält dadurch das volle Gemüsearoma. Und: Es geht ganz schnell.

5

Finden Sie Ihre Wohlfühlmenge heraus

Die Faustregel heißt: Essen Sie so wenig wie möglich und nur so viel wie nötig! Und wenn es noch so basisch ist – zu viel ist immer ungesund. Versuchen Sie, langsam und bewusst zu essen, und kauen Sie sehr gründlich. Auf diese Weise verhindern Sie, dass Sie Ihr Essen hinunterschlingen und nicht merken, wann Sie eigentlich schon satt sind. Ich schreibe nicht vor, wie viel Sie essen, denn eines der Basenfastenziele ist, dass Sie Ihre Wohlfühlessmenge selbst herausfinden.

6

Wilde Mischungen meiden

Simplify your life – das sollte auch für die Küche gelten. Je weniger Nahrungsmittel Sie mischen, umso intensiver können Sie den Geschmack erleben. Das ist ein anderer Kick für die Geschmacksnerven – der pure Geschmack der Natur. Verwenden Sie pro Mahlzeit möglichst nur zwei oder drei Obst- oder Gemüsesorten.

7

Würzen Sie dezent

Wenn Sie zu stark würzen, irritieren Sie damit Ihre Geschmacksnerven – das lässt Sie unter anderem das Gefühl für Sättigung verlieren. Das ist auch der Grund, weshalb ich den intensiven Knoblauch trotz seiner vielfältigen Gesundheitswirkungen beim Basenfasten nicht empfehle. Knoblauch übertönt durch die enthaltenen Sulfide jeden Gemüsegeschmack. Kräuter – vor allem frische Kräuter – sind die optimalen Würzmittel. Würzen Sie Ihre Speisen zunächst mit Kräutern und schmecken Sie dann mit Meersalz oder einem anderen Salz ab. So halten Sie den Salzverbrauch niedrig. Kräutersalzmischungen sind ebenfalls empfehlenswert. Auch frische Sprossen dienen der Geschmacksverfeinerung.

9

Mehr Gemüse als Obst essen

Nur reifes Obst und Gemüse wird basisch verstoffwechselt und enthält genügend basische Mineralstoffe. Dies ist einer der Gründe, weshalb ich die Gemüse- und Obstsorten der Saison vorziehe. Sie finden oben im Rezept jeweils einen Hinweis, zu welcher Jahreszeit es passt. Unreifes kann bei Menschen mit empfindlichem Magen und Darm leicht zu Blähungen und Schmerzen führen. Achten Sie auch darauf, dass Sie deutlich mehr Gemüse als Obst essen – zu viel Obst kann ebenfalls zu Blähungen führen, und es macht nicht lange satt. Generell gilt: 20 % Obst – am besten zum Frühstück – und 80 % Gemüse und Salat.

8

Essen Sie nur, wonach Ihnen ist

Ideal: Gehen Sie auf den Wochenmarkt, lassen Sie sich von den verlockenden Obst- und Gemüseangeboten der Saison verführen und kaufen Sie aus dem Bauch heraus die Sorten, auf die Sie spontan Lust haben. Mir geht es meist so: Ich stelle mir zu Hause ein leckeres Gemüsegericht vor, finde dann aber genau diese Gemüsesorte auf dem Markt nicht so frisch vor wie in meiner Vorstellung. Dafür liegt daneben ein anderes Gemüse, das mich sehr anspricht – das ich dann schließlich kaufe.

10

Kauen Sie gründlich

Gut gekaut ist halb verdaut und macht schneller satt. Erfahrungsgemäß ist es ein langer Prozess, bis Sie wirklich langsam und gut kauen. Wenn Sie das schaffen, dann verbessern Sie damit Ihre Verdauung. Nehmen wir einen dünnen Apfelschnitz – 2 cm dick – als Beispiel: Sie sollten ihn mindestens 30-mal kauen. Fortgeschrittene schaffen 60- bis 80-mal! Das hat enorme Vorteile. Zum einen beginnt die Verdauung im Mund, weshalb es dort Schneide-, Mahlzähne und Speicheldrüsen gibt. Je länger Sie kauen und damit den Apfel einspeicheln, umso besser wird er vorverdaut und umso besser kann er im Darm weiterverarbeitet werden. Wenn Sie lange und gründlich kauen, werden sich auch weniger Blähungen entwickeln.

Basische **Lebensmittel**, die Ihnen **guttun**

Alles, was der Körper basisch verstoffwechselt, tut Ihnen während des Basenfastens gut. Im Wesentlichen sind das Obst, Gemüse, Pilze, Kräuter und Sprossen. Beim Basenfasten gilt: je reifer umso basischer. Wenn Sie daher Obst und Gemüse der Saison bevorzugen, dann ist die Chance, dass Sie reife Erzeugnisse bekommen, recht gut.

Auf den folgenden Seiten lernen Sie alle basisch verstoffwechselbaren Lebensmittel kennen, die wir aus unserer Erfahrung heraus für das Basenfasten geeignet finden. Sie können davon ausgehen, dass Lebensmittel, die hier nicht aufgeführt sind, im Wesentlichen auch nicht für Basenfasten geeignet sind. Bevorzugen Sie möglichst auch regionale Obst- und Gemüsesorten. Aber wenn Sie hin und wieder mal eine Passionsfrucht oder ein anderes Importobst oder -gemüse genießen wollen – nur zu! Hinten im Buch finden Sie den Saisonkalender für Obst und den für Gemüse. Diese Tabellen geben Ihnen einen guten Überblick, welche Produkte sie wann reif, frisch und regional einkaufen können.

Zitrusfrüchte – sauer oder basisch?

Zitrusfrüchte haben eine leicht basische Wirkung, wenn sie nicht in zu großen Mengen und reif verzehrt werden. Oft sind sie unreif und wirken dann sauer. Auch können sie in der kalten Jahreszeit den Stoffwechsel ausbremsen (in heißen Ländern, aus denen sie kommen, haben sie dann Saison). Das kann sich besonders für chronisch Kranke, aber auch für Allergiker als Problem darstellen. Natürlich ist nichts dagegen zu sagen, hin und wieder eine Mango oder eine Ananas zu essen – sofern es Flugmangos oder Flugananas sind. Flugananas, das heißt, sie sind reif geerntet und per Flugzeug transportiert.

Salate und Kräuter

Salate und frische Kräuter stehen beim Basenfasten täglich auf dem Speiseplan. Die ideale Tageszeit für einen Rohkostsalat ist mittags. Frische Kräuter bereichern jedes Gemüsegericht. Die folgende Auflistung zeigt, auf welche Vielfalt an Kräutern wir in der Basenküche zugreifen können. Sicherlich finden Sie hier auch Ihre Favoriten. Reichern Sie gern jedes Gericht mit frischen Kräutern an, auch nach der Basenfastenwoche. Frische Kräuter und vor allem Sprossen enthalten viele Vitalstoffe. Die meisten Kräuter wirken zudem verdauungsfördernd.

Geeignete Kräuter und Gewürze

Basilikum, Beinwell, Bibernell, Bockshornklee, Bohnenkraut, Borretsch, Brennnessel, Chilischoten, Dill, Fenchelsamen, frische Sprossen, Gänseblümchen, Giersch, Glattpetersilie, Ingwer, Kamille, Kapern (o. Essig), Kardamom, Kerbel, Koriander, Kreuzkümmel, Kümmel, Kur-

Sonstige Nahrungsmittel, die basenbildend wirken

Nahrungsmittel	Wertvolle Inhaltsstoffe
Algen (Nori, Wakame, Hijiki, Chlorella, Spirulina)	Jod, Kalzium, Eisen
Blütenpollen	Vitalstoffkonzentrat
Chiasamen	Kalzium
Erdmandelflocken (Chufas Nüssli)	Ballaststoffe
Esskastanien	B-Vitamine
Hanfsamen	B-Vitamine, Zink
Kanne Brottrunk	darmfreundliche Milchsäurebakterien
Kokosflocken, -chips	Mineralstoffe
Kürbiskerne	Magnesium, Eisen, Kupfer, Mangan
Kürbiskernmus	Magnesium, Eisen, Kupfer, Mangan
Leinsamen, -schrot	Magnesium, Eisen, Mangan, Vitamin E
Makadamianüsse	Omega-3- und Omega-6-Fettsäuren
Mandeln, Mandelmus	Kalzium, Magnesium, Eisen, Mangan
Mohnsamen	Magnesium, Eisen, Zink, Kupfer, Mangan
Paranüsse	Kalium, Selen
Pistazien	Kupfer, E-Vitamine
Ölsaatenmischung	Magnesium, Eisen, Mangan, Vitamin E, Zink, Kupfer
Sesam	Kalzium, Magnesium, Eisen, Zink, Kupfer, Mangan
Sesamsalz (Gomasio)	Kalzium, Magnesium, Eisen, Zink, Kupfer, Mangan
Sonnenblumenkerne	Magnesium, Eisen, Zink, Kupfer, Mangan, Vitamin E
Sonnenblumenkernmus	Magnesium, Eisen, Zink, Kupfer, Mangan
Tahin (Sesammus)	Kalzium, Magnesium, Eisen, Zink, Kupfer, Mangan
Umeboshi-Aprikosen	Kalium, Milchsäurebakterien
Walnüsse (frische)	Magnesium, Mangan, Fluor
Zedernkerne	Vitamin E, Mangan, Kupfer

kuma, Lavendelblüten, Liebstöckel, Majoran, Meerrettich, Melisse, Muskatnuss, Nelken, Oregano, Petersilie, Pfeffer (weiß, rosa, grün, rot, schwarz), Pfefferminze, Piment (Nelkenpfeffer), Rosmarin, Safran, Salbei, Schabzigerklee, Schachtelhalm, Schnittlauch, Schwarzkümmel, Sellerieblätter, Thymian, Tumeric (Kurkuma), Vanille, Veilchenblüten, Wildkräuter, Ysop, Zimt, Zitronenmelisse, Zitronenpfeffer und Zitronenthymian.

Wertvolle Öle, bereichern die Basenküche

Auch hochwertige, also kalt gepresste Pflanzenöle reagieren basisch in unserem Körper. Folgende kalt gepresste Pflanzenöle enthalten ungesättigte Fettsäuren und als natürliches Antioxidans Vitamin E: u.a. Arganöl (auch geröstet), Distelöl, Haselnussöl (auch geröstet), Kürbiskernöl (auch geröstet), Maiskeimöl, Olivenöl, Rapsöl, Rapskernöl, Sesamöl (auch geröstet), Sonnenblumenöl, Traubenkernöl, Walnussöl (auch geröstet) und Weizenkeimöl.

Olivenöl und Sonnenblumenöl enthalten darüber hinaus als wertvollen Inhaltsstoff Vanadium; Sesamöl ist kalziumreich.

Leinöl enthält die für uns so wichtigen Omega-3-Fettsäuren sowie Vitamin E. Hanföl enthält Omega-3-, Omega-6- und Omega-9-Fettsäuren.

Gutes Kautraining mit ungeschwefeltem Trockenobst

Getrocknete Früchte sind ein guter Kautrainer: Mit einem kleinen Stück Trockenobst können Sie gründliches Kauen üben. Generell enthält ungeschwefeltes Trockenobst Vitalstoffe konzentrierter – besonders hoch ist der Gehalt an Kalium, Magnesium und Eisen. Mittlerweile gibt es in Reformhäusern und Bioläden eine große Auswahl an getrockneten Obstsorten. Da beim Trockenobst nicht nur der Vitalstoffgehalt konzentriert wird, sondern auch die ent-

Trockenobstsorten, die besonders viele Mineralstoffe bzw. Bioaktivstoffe enthalten

Obst	enthalten reichlich
Ananas	Enzyme
Aprikosen	Kalium, Eisen, Mangan
Bananen	Kalium, Magnesium, Eisen, Mangan
Birnen	Eisen, Zink
Brombeeren	Magnesium, Eisen, Zink, Mangan
Cranberrys	Bioaktivstoffe
Datteln	Kalium, Eisen, Zink, B-Vitamine
Feigen	Eisen, Zink
Heidelbeeren	Bioaktivstoffe: Anthocyane
Papaya	Enzyme
Pfirsich	Kalium, Eisen
Physalis	Vitamin A, Vitamin C, B-Vitamine
Rosinen	Eisen, Zink
Sauerkirschen	Bioaktivstoffe: Phenole

haltenen Schadstoffe, greifen Sie am besten auf Bio-Ware zurück. Bio-Trockenfrüchte sind in der Regel auch ungeschwefelt, was wichtig ist, da Schwefelung sauer macht.

Sprossen und Keimlinge sind die Stars des Basenfastens

Sprossen und Keimlinge enthalten so viele Vitalstoffe, dass Sie sich um die Versorgung mit Vitaminen, Mineralien, Enzymen und bioaktiven Stoffen keine Sorgen machen müssen, wenn Sie täglich frische Keimlinge essen. Keimlinge enthalten mehr Vitalstoffe als die Samen, denn durch den Keimprozess vervielfacht sich der Vitalstoffgehalt. Und: Frischer können Sie Vitalstoffe nicht bekommen.

In der gekeimten Form sind auch Getreide und Hülsenfrüchte fürs Basenfasten geeignet. Ungekeimte Getreide gehören dagegen zu den säurebildenden Lebensmitteln. Frische Keimlinge und Sprossen erhalten Sie in Bioläden, auf Wochenmärkten und auch in vielen Supermärkten. Achten Sie dabei aber auf das Haltbarkeitsdatum, und schauen Sie sich die Keimlinge oder Sprossen ganz genau an, ob sie auch wirklich frisch aussehen. Wenn die Sprossen schon einige Tage alt sind, schimmeln sie gerne. Bei Keimlingen in einer Papierschale ist der Frischezustand leichter für Sie erkennbar.

Billiger und mit Frischegarantie ist es, sie zu Hause selbst zu ziehen. Sprossenzucht ist eigentlich ganz einfach – im Handel gibt es eine ganze Reihe von Keimgläsern und Keimgerätschaften. Für Eilige und Faule gibt es im Wacker Shop vorgekeimte, getrocknete Keimlinge – eine gesunde Alternative.

Für die Sprossenzucht geeignet sind Buchweizen, Fenchelsamen, Koriandersamen, Rosabi (Kohlrabiart) sowie die in der Tabelle gelisteten Samen. Nicht alle Samen keimen gleich gut. Große Samen, die leicht keimen sind Sonnenblumenkerne, Linsen und Kichererbsen. Wenn Sie mit diesen einfachen Sorten starten, ist Ihnen der Keimerfolg sicher und Sie können erste Erfahrungen sammeln. Kleine Samen oder solche, die schleimen, erfordern etwas mehr Erfahrung.

Einige Keimlinge enthalten reichlich Vitamin B_{12}

Wenn Sie bislang Fleisch vor allem deshalb essen, weil Sie glauben, nur so an ausreichend Vitamin B_{12} zu kommen, dann können Sie nun aufatmen: Auch in Keimlingen finden Sie große Mengen an Vitamin B_{12}. Vitamin B_{12} ist ein für die Blutbildung wichtiges Vitamin. In folgenden Keimlingen sind größere Mengen an Vitamin B_{12} enthalten: Kichererbsen, Linsen, Mungobohnen und Alfalfa (Luzerne). Übrigens sind Alfafakeimlinge neben Brokkoli und Kresse auch sehr Vitamin-C-haltig. Auch Weizengras ist sehr reich an Vitamin B_{12}.

Sprossen ziehen – so geht's

Der Keimvorgang besteht aus: Einweichphase, etwa 3 Spül- und Abtropftagen und aus der Lagerphase. Sie benötigen eigentlich nur ein Sprossenglas, Samen und 3 Tage Geduld. Kaufen Sie eine normale Packung Biokichererbsen, denn eine Sonderpackung zum

Samen für die Sprossenzucht

Samen	Wertvolle Inhaltsstoffe
Adzukibohne	Eiweiß
Alfalfa (Luzerne)	Vitamin B_{12}, A und C
Amaranth	Eiweiß
Bockshornklee	Silizium
Braunhirse	Silizium
Brokkoli	bioaktive Stoffe, Vitamin C, wirkt entgiftend
Dinkel	B-Vitamine, Folsäure
Erbsen (Erbsenspargel)	Eiweiß
Gerste	B-Vitamine, Silizium
Hafer	B-Vitamine
Hirse	Silizium, Eisen, B-Vitamine
Kichererbsen	Vitamin B_{12}, Eiweiß
Kresse	Vitamin C
Leinsamen	ungesättigte Fettsäuren
Linsen	Vitamin B_{12}, Eiweiß
Mungobohnen	B-Vitamine, auch B_{12}, Vitamine A, C und E, Kalzium, Eisen, Kalium, Phosphor, Eiweiß
Quinoa	Eiweiß, Kieselsäuren
Radieschen	Bioaktivstoffe
Reis	Vitamin C, B-Vitamine, Kalzium, Eisen, Zink, Kalium, Mangan, Phosphor
Rettich	wirkt entschleimend, entgiftend
Rotklee	Bioaktivstoffe
Rukola	Kalzium
Sesam, ungeschält	Kalzium
Senf	Vitamin C
Sojabohnen	Eiweiß
Sonnenblumenkerne	ungesättigte Fettsäuren, B-Vitamine, Vitamine D, E, F, K, Proteine, Mangan, Kupfer, Phosphor
Weizen	B-Vitamine, Vitamin C, Eiweiß
Zwiebelsprossen	Bioaktivstoffe

Keimen, die kleiner und viel teurer ist, benötigen Sie dazu nicht.

— Weichen Sie 3 bis 4 Esslöffel Samen einige Stunden in Wasser ein, lassen Sie das Wasser abfließen und spülen Sie die Samen noch einmal mit frischem Wasser durch.
— Schrauben Sie das Sprossenglas zu und stellen Sie es auf den Kopf in die Geschirrablage Ihrer Spüle oder in eine spezielle Abtropfvorrichtung, sodass alles Restwasser abfließen kann.
— Spülen Sie nun die Samen einmal täglich mit frischem Wasser. Achten Sie darauf, das Glas nach dem Spülen wieder auf den Kopf zu stellen, damit alles Wasser abfließen kann.
— Bereits nach 1 bis 2 Tagen sind die ersten Minisprossen zu erkennen. Nach 3 Tagen sind die meisten Samenarten gekeimt und verzehrfertig.
— Nach weiteren 1 bis 2 Tagen sind die Keime etwa 2 bis 3 cm lang und »fertig«.
— Sie können das Glas, nachdem alles Wasser abgetropft ist, in den Kühlschrank stellen, Ihre vitaminreichen Keimlinge sind dort gut eine Woche haltbar.

Basische Nahrungsmittel liefern wertvolle Mineralien

Haben Sie bei Verzicht auf Milch und Milchprodukte Angst vor einem Kalziummangel? Keine Sorge – viele Gemüsesorten enthalten jede Menge Kalzium. Doch nicht nur Kalzium, auch andere Mineralien sind in basischen Lebensmitteln reichlich vorhanden. Die folgende Tabelle zeigt, dass vor allem Sesam hinsichtlich seines Mineraliengehaltes ein Multitalent ist. Denn er ist reich an Kalzium, Magnesium, Kalium, Phosphor und Eisen. 100 g Sesam enthält z. B. 783 mg Kalzium; 100 g Kuhmilch enthält dagegen nur 124 mg Kalzium. Deshalb empfehle ich Sesamsaat oder Gomasio – eine Würzmischung aus geröstetem Sesam mit Salz –, um Salate und Gemüse zu würzen.

Meine besonderen basischen Lebensmittel

Oliven

Ich liebe Oliven. Am liebsten die reifen, schwarzen – aber natürlich nur die ungefärbten. Denn die gefärbten enthalten Eisengluconat und das ist nichts für den empfindlichen Darm und die Oliven schmecken nicht mehr nach Oliven. Es gibt so viele unterschiedliche Olivensorten. – Es lohnt sich, immer wieder zu probieren, bis Sie Ihre Lieblingssorte gefunden haben.

Sprossen und Keimlinge

Ob Sie sie selbst ziehen oder frisch im Bioladen kaufen, ist egal, Hauptsache, diese kleinen Powerpakete kommen täglich bei Ihnen auf den Tisch – sie garantieren Ihnen Ihre Vitalstoffversorgung auf der Fensterbank – vor allem im Winter. Frischer und zuverlässiger geht es nicht. Suchen Sie sich Ihre Lieblingssorten aus – fast alles, was essbar ist, ist auch keimfähig. Sprossen und Keimlinge stecken voller Vitamine, Mineralien, Enzyme und Bioaktivstoffen.

Zucchini- und Kürbisblüten

Sie gibt es nur selten bei uns, es sei denn, man hat einen eigenen Garten. In Italien ist ihr Einsatz viel gebräuchlicher und sie sind sehr günstig. Ich bitte immer meine Nachbarin darum, mir einige Blüten zu geben. Ob kurz in Olivenöl angebraten oder mit einer köstlichen Kartoffelcreme gefüllt – ich liebe sie. Sie enthalten nebenbei wertvolle Bioaktivstoffe, die ihnen die gelbe Farbe verleihen.

Erdmandelflocken

Erdmandelflocken, auch Chufas Nüssli genannt, sind Wurzelknöllchen, die vom Aussehen her an Mandeln erinnern. Sie sind sehr ballaststoffreich und enthalten auch viel Vitamin E und B-Vitamine. Sie finden sie u. a. im Bioladen. Chufas Nüssli kommen ins basische Müsli, lassen sich aber auch zu einem leckeren Porridge oder Gebäck verarbeiten.

Sesamsalz (Gomasio)

Sesamsalz oder Gomasio besteht aus geröstetem Sesam und einem geringen Prozentsatz an Salz. Das ist eine ideale basische Würzmischung für Salate und Gemüse, die ich sehr gern in meinen Rezepten verwende. Das Schöne daran: Es vermittelt Salzgeschmack bei sehr wenig Salzgehalt. Achten Sie darauf, dass der Salzgehalt um die 5 % liegt.

Getreidekeimlinge

Wenn es im Alltag schnell gehen muss, dann sind Getreidekeimlinge – z. B. vorgekeimte, sehr schonend getrocknete Hirsekeimlinge oder auch Haferkeimlinge – eine wunderbare Alternative. Sie sind auch enthalten im Wacker Müsli – zusammen mit gerösteten Erdmandelflocken und leckeren Trockenfrüchten. So schaffe ich mein basisches Müsli auch dann, wenn es mal wieder schnell gehen muss.

Basenkräutertee

Ohne Tee geht bei mir gar nichts – Kräutertee versteht sich. Jeden Tag mindestens 2 Kannen verdünnter Basenkräutertee. So kann ich selbst im manchmal säuernden Alltag einen Ausgleich schaffen.

Tipp

Bio-Erdmandelflocken, Basenkräutertee und gekeimte Getreide sind im Wacker Shop erhältlich.

Kapuzinerkresseblüten

Von Mai bis zum ersten Frost ist dieses pflanzliche Wundermittel eine köstliche Bereicherung für jeden Salat. Sowohl die Blätter als auch die Blüten sind verwendbar und verleihen dem Salat eine angenehme Schärfe. Wundermittel, weil die darin enthaltenen Bioaktivstoffe gleichermaßen gegen Bakterien, Viren und Pilze wirken.

Diese basischen Lebensmittel liefern reichlich Mineralien

Lebensmittel	Mineralstoff
Sesam, Brennnessel, Gartenkresse, Rukola, Löwenzahn, getrocknete Feigen	Kalzium
Mandeln, Sesam, Cashewnüsse, Ingwer, Portulak (Postelein)	Magnesium
Sesam, Bananen, Maronen, Aprikosen, Feigen, Datteln, andere Trockenfrüchte, Kohlrabi, Kürbis	Kalium
Sesam	Phosphor
Sesam, getrocknete Pilze	Eisen

Neben der Sesamsaat sind Brennnesseln, Mandeln, Gartenkresse, Grünkohl, getrocknete Feigen, Petersilie, Brunnenkresse, Rukola, Löwenzahn und Schnittlauch kalziumreiche basische Lebensmittel.

Auch mit Vitaminen werden Sie durch basische Lebensmittel bestens versorgt: So ist beispielsweise Kresse besonders reich an Vitamin C, und Mandeln enthalten viele B-Vitamine. Vitamin D liefern Pilze – dieses Vitamin ist maßgeblich an der Aufnahme von Kalzium aus der Nahrung beteiligt.

Basenfasten liefert ausreichend Eiweiß

Unsere »normale« Kost ist heutzutage so überfrachtet mit tierischen Eiweißen, dass unser Problem nicht der Mangel an Eiweiß, sondern das Zuviel an Eiweiß ist. Außerdem enthalten z.B. Kartoffeln, Mandeln und frische Keimlinge, aber auch Hanf- und Chiasamen so viel Eiweiß, dass Sie locker einige Wochen basenfasten können, ohne Mangelerscheinungen zu bekommen.

Keine Angst vor Osteoporose

Studien haben gezeigt, dass Frauen in Afrika und in Asien, die keine Milchprodukte zu sich nehmen, trotzdem nicht an Osteoporose erkranken. Das steht unserer derzeitigen medizinischen Propaganda genau entgegen. Was tun sie? Sie bewegen sich z.B. viel im Freien, d.h. in der Sonne. Durch Sonnenlicht kann in der Haut aus Vitaminvorstufen das eigentlich wirksame Vitamin D hergestellt werden, weshalb es auch als »Sonnenvitamin« bezeichnet wird. Vitamin D sorgt dafür, dass Kalzium und Phosphor in die Knochen und Zähne eingebaut wird – und verhindert so die Osteoporose. Dagegen leiden viele Europäer, die sich eiweißreich ernähren und Extraportionen Kalzium zu sich nehmen, unter Ablagerungen: verkalkte Gefäße, verkalkte Gelenke und Osteoporose. Es kommt also offensichtlich darauf an, in welcher Form die Nährstoffe in unseren Körper gelangen, damit wir sie gut verwerten können. Die Lebensmittel, die beim Basenfasten erlaubt sind, enthalten viele gut verwertbare Nährstoffe und belasten Ihren Stoffwechsel nicht. Also vergessen Sie die Milch-, Eiweiß- und Kalziummärchen – umdenken ist angesagt!

Milchsauer vergoren: gesund und lecker

Die milchsaure Gärung ist eine uralte Form der Konservierung. Milchsauer Vergorenes wird basisch verstoffwechselt und wirkt sich positiv auf die Arbeit der Darmbakterien aus. Dadurch wird das Immunsystem stimuliert. Zahlreiche Studien, die in den vergangenen Jahrzehnten mit dem milchsauren Produkt Kanne Brottrunk gemacht wurden, belegen das. So hört man immer wieder von Erfolgen mit Kanne Brottrunk bei chronischen Erkrankungen, die mit einer Schwächung des Immunsystems einhergehen. Auch Sauerkraut wird meist milchsauer vergoren angeboten. Durch seinen hohen Histamingehalt wird es allerdings von Menschen mit Allergien und Darmproblemen manchmal nicht so gut vertragen. Wenn Sie Allergiker sind – auch wenn Sie Pollenallergien haben –, weichen Sie lieber auf andere milchsaure Produkte aus. So habe ich von Eden einige Gläser mit milchsauer eingelegten Gemüsen entdeckt, die sich gut für das Basenfasten eignen. Legen Sie sich einige dieser Gläser als Vorrat zu – so haben Sie immer ein schnelles basisches Essen an der Hand, falls ein plötzlicher »Stresseinbruch« Sie an der Vorbereitung Ihrer nächsten Basenfastenmahlzeit hindert.

Milchsauer Vergorenes aus dem Glas:

— Gemüseallerlei, milchsauer eingelegt (z. B. Eden)
— Kanne Brottrunk
— Rote Bete, milchsauer eingelegt (z. B. Eden)
— Sauerkraut, milchsauer eingelegt, offen
— Sauerkraut, milchsauer eingelegt (z. B. Eden)
— Sellerie, milchsauer eingelegt (z. B. Eden)

Was Allergiker beim Basenfasten beachten sollten

— Vermeiden Sie alle Obst-, Gemüsesorten und Kräuter, von denen Sie wissen, dass Sie bislang allergisch darauf reagiert haben.
— Vermeiden Sie vorsichtshalber Sauerkraut und Spinat, da diese Gemüse größere Mengen Histamin enthalten.
— Erdbeeren, Himbeeren, Zitrusfrüchte und Tomaten sollten Sie während des Basenfastens ebenfalls nicht in größeren Mengen zu sich nehmen, da diese Nahrungsmittel im Körper Histamin freisetzen können.
— Lassen Sie Zwiebeln und andere Gemüsesorten weg, wenn Sie mit Blähungen oder Bauchschmerzen darauf reagieren.
— Wenn Sie eine Hausstaubmilbenallergie haben, sollten Sie nicht zu viele Nüsse essen.
— Achten Sie bei Beerenfrüchten darauf, dass sie keine Schimmelspuren aufweisen.
— Wenn Sie Pollenallergiker sind, sollten Sie keine Blütenpollen essen, obwohl diese basisch sind.
— Bereiten Sie alle Gerichte nur aus 2–3 Sorten zu, dann ist es z.B. im Fall von Nahrungsunverträglichkeiten leichter nachvollziehbar, welches Obst oder Gemüse der Auslöser ist.
— Je nach Stärke Ihrer Allergie können Sie auf folgende basische Lebensmittel mit einer Unverträglichkeit reagieren (bitte daher vorsichtig austesten): Stein- und Kernobst (z.B. Äpfel), Kiwis, Beerenfrüchte, Zitrusfrüchte, Kräuter, Paprika.

Basenfasten bei Nahrungsmittelunverträglichkeiten

Folgende Tipps sollten Sie beachten, wenn Sie an einer Nahrungsmittelunverträglichkeit, auch an Fruktoseintoleranz, leiden:
— Vermeiden Sie alle Obst und Gemüsesorten, von denen Sie wissen, dass Sie sie nicht vertragen.
— Außer Fruktose sollten Sie noch Sorbit (Alkoholform von Fruktose z.B. in Diabetikerfertigprodukten, manchen Obstsorten, Obstsäften) und Invertzucker (Gemisch aus gleichen Teilen von Glukose und Fruktose, z.B. in Honig) meiden.
— Bereiten Sie alle Gerichte nur aus 2–3 Sorten zu, dann ist es z.B. in Ihrem Fall von Nahrungsmittelunverträglichkeit leichter nachvollziehbar, welches Obst und Gemüse der Auslöser war.

Basenfasten bei Fruktoseintoleranz

Fruktoseintoleranz geht mit verschiedenen Symptomen einher. Wenn Sie nach dem Verzehr von Obst- und Gemüsegerichten vermehrt mit Darmproblemen wie Schmerzen, Blähungen, Übelkeit oder Durchfall zu tun haben, liegt bei Ihnen möglicherweise eine Fruktoseintoleranz vor. Das heißt, Sie können den Fruchtzucker, der in vielen Obst- und Gemüsesorten enthalten ist, nicht gut verdauen. Die Fruktoseintoleranz ist bis auf wenige Ausnahmen keine lebenslange Erkrankung, sondern tritt in Verbindung mit anderen Nahrungsmittelunverträglichkeiten auf und ist durch eine Umstellung der Ernährung positiv beinflussbar.

Auch wenn Fruktose »Fruchtzucker« heißt, ist sie nicht nur in Obst enthalten. Sie ist auch in Haushaltszucker, Diabetiker-Produkten, Honig, Mayonnaise, Ketchup, Fertigsaucen, Brot, Cola, Limonaden, Fruchtsäften, Wein, Bier und vielen weiteren Produkten enthalten. Bei Fruktoseintoleranz müssen Sie auf Obst und Gemüse nicht verzichten. Es handelt sich vielmehr um einen gestörten Transport der Fruktose vom Darm ins Blut. Die gute Nachricht ist: Dieser Transport kann von Glukose (Traubenzucker) übernommen werden. Das heißt, wenn in einem Nahrungsmittel, das Fruktose enthält, auch gleichzeitig genügend Glukose enthalten ist, kümmert sich die Glukose um den Transport der Fruktose und macht das Nahrungsmittel in der Regel verträglicher. Wenn also ein Lebensmittel gleich viel oder mehr Glukose als Fruktose enthält, können Sie davon ausgehen, dass es für Sie verträglicher ist.

Verträgliche Obst- und Gemüsesorten bei Fruktoseintoleranz

- Obstsorten, die gleich viel oder mehr Glukose als Fruktose enthalten und daher meist auch bei Fruktoseintoleranz verträglich sind: Kirschen (süß), Banane, Grapefruit, Zitrone, Mandarine, Aprikose, Pflaumen, auch Honigmelone, Datteln, Feigen und Rhabarber.
- Folgende Gemüsesorten können Sie auch bei Fruktoseintoleranz genießen: Spinat, Zwiebeln, Weißkohl, Kartoffel, Gurke, Kohlrabi, Möhre, Radieschen, Blumenkohl, Brokkoli, Chinakohl, Feldsalat, Fenchel, Rotkohl, Wirsing, grüne Paprikaschote, Aubergine, Pfifferlinge, Steinpilze und frische Erbsen.
- Probieren Sie es einfach aus und ermitteln Sie die Obst- und Gemüsesorten, die für Sie gut verträglich sind!
- Bei einigen Mahlzeiten, die während der Basenfasten-Kur empfohlen werden, können Sie einfach kleine Änderungen durchführen, indem Sie die Lebensmittel, die für Sie unverträglich sind, ersetzen oder weglassen.
- Wenn Sie am Morgen ohnehin keinen oder nur wenig Hunger haben, lassen Sie einfach die Fruchtmahlzeit weg und trinken Sie anstelle des Fruchtfrühstücks Gemüsebrühe.
- Probieren Sie einfach aus, welche der genannten Alternativen für Sie infrage kommt.
- Je nach Stärke Ihrer Unverträglichkeit können Sie auf folgende basische Lebensmittel reagieren (bitte daher vorsichtig austesten): Stein- und Kernobst wie z. B. Äpfel, Zitrusfrüchte, Kiwis, Kräuter, Beerenfrüchte, Paprika.
- Lassen Sie Zwiebeln und andere Gemüsesorten weg, wenn Sie leicht mit Blähungen oder Bauchschmerzen darauf reagieren.
- Erdbeeren, Himbeeren und Tomaten sollten Sie während der Basenfasten-Kur ebenfalls nicht in größeren Mengen zu sich nehmen, da diese Nahrungsmittel im Körper Histamine freisetzen können. Vermeiden Sie vorsichtshalber Sauerkraut und Spinat, da diese Gemüse größere Mengen Histamin enthalten.
- Achten Sie bei Beerenfrüchten darauf, dass diese keine Schimmelsporen enthalten.
- Verwenden Sie möglichst Obst und Gemüse aus biologischem Anbau. So vermeiden Sie Pestizide, die Sie zusätzlich belasten können. Zudem sind sie reicher an Mineralien, denn Sie müssen sie nicht schälen und nehmen deshalb auch die Mineralien auf, die sich direkt unter der Schale befinden.

Das **Basenfasten-Programm** auf einen Blick

Alles, was der Körper basisch verstoffwechselt, dürfen Sie während des Basenfastens genießen. Im Wesentlichen sind das Obst, Gemüse, Pilze, Kräuter und Sprossen. Wenn Sie darüber hinaus noch Zeit finden für ausreichende Bewegung, Entspannungsphasen und eine regelmäßige Darmreinigung, können Sie davon ausgehen, dass Ihr Säure-Basen-Haushalt nach 1 oder 2 Wochen wieder in der Balance ist.

Die Mittagszeit ist Salatzeit

Den täglichen Salat – möglichst roh und mit vielen frischen Kräutern – genießen Sie am besten zum Mittagessen. Wenn Ihnen ein Salat nicht ausreicht, können Sie im Anschluss noch eine kleine Gemüseportion essen – roh oder gekocht. Wenn Sie keine Rohkost vertragen, können Sie auch einen Salat aus gekochtem Gemüse oder ein Gemüsegericht essen.

Abends eine Suppe oder Gemüse

Gestalten Sie das Abendessen – bis 18 Uhr – nicht zu üppig. Je nach Jahreszeit bieten sich Gemüsesüppchen oder ein kleines gedünstetes Gemüsegericht an. Auch ein paar Pellkartoffeln mit Avocadocreme oder mit etwas Olivenpaste eignen sich gut für ein basisches Abendessen.

Zum Frühstück frisches Obst

Frische Früchte der Saison sind das ideale Basen-Frühstück. Wenn Sie einmal keine Zeit für die Zubereitung eines der leckeren Frühstücksrezepte haben, tut es auch – je nach Saison einfach eine Banane oder ein Apfel. Auch das basische Müsli ist schnell gemacht. Ein frisch gepresster Saft ist ein besonders vitalstoffreicher Energieschub am Morgen. Beim Genießen des Saftes bitte Zeit lassen und ihn Schluck für Schluck langsam »kauen« und ihn nicht wie Wasser einfach die Kehle hinabrinnen lassen, damit die Verdauungsenzyme im Mund ans Werk gehen können.

Für den Hunger zwischendurch

Wenn Sie zwischen den Mahlzeiten Hunger oder Knabbergelüste haben, dann trinken Sie idealerweise erst mal einen Schluck Wasser oder Kräutertee. Erst wenn das nicht ausreicht, essen Sie einige Mandeln, Trockenfrüchte oder Oliven.

Zwischenmahlzeiten für vormittags: frisches Obst der Saison, Mandeln oder frische Walnüsse, ungeschwefeltes Trockenobst, Gemüserohkost der Saison.

Geeignete Zwischenmahlzeiten für nachmittags sind Mandeln oder frische Walnüsse, grüne Oliven, ungefärbte schwarze Oliven, etwas ungeschwefeltes Trockenobst, ein Becher Gemüsebrühe.

Reichlich trinken

Trinken Sie 2–3 Liter Quellwasser pro Tag, je nach Jahreszeit warm oder kalt. Auch stark verdünnte Kräutertees sind ein ideales Getränk.

Befreiend: die Darmreinigung

Reinigen Sie Ihren Darm alle 2–3 Tage mit einem Einlauf (wir empfehlen Reprop – im Wacker Shop) oder mit Colon-Hydro-Therapie – auch dann, wenn Sie während des Basenfastens jeden Tag Stuhlgang haben.

Entspannen Sie sich

Schaffen Sie sich Erholungsinseln in Ihrem Alltag – ein Spaziergang im Wald, eine Ayurvedamassage, ein Basenbad am Abend. Und: Machen Sie Stress-Inventur! Was stresst Sie am meisten in Ihrem Leben? Was können Sie dagegen tun? Gehen Sie den Ursachen auf den Grund und stellen Sie ein Anti-Stress-Programm auf.

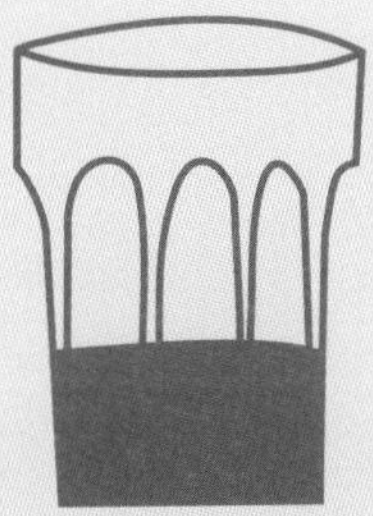

Bewegung

Bewegung an der frischen Luft unterstützt die Entsäuerung ideal. Wenn die Bewegung in Ihrem Alltag bisher zu kurz gekommen ist, könnte die Basenfasten-Kur eine gute Gelegenheit sein, jetzt damit zu beginnen. Am besten ist es, sich tatsächlich jeden Tag 30–45 Minuten sportlich zu betätigen – so wie es Ihnen guttut und Ihrem Trainingszustand entspricht. Schwimmen, Walken oder Joggen sind gute Möglichkeiten, um den Körper sanft zu trainieren.

Wie es nach der Basenfastenzeit weitergeht

Viele Menschen, die das Basenfasten noch nicht richtig kennen, meinen, man solle sich das ganze Leben zu 100 % basisch ernähren. Das ist ein Missverständnis. Basenfasten wird – genauso wie andere Fastenmethoden – immer nur kurmäßig, also maximal 1–4 Wochen durchgeführt. Die anschließende Ernährung sollte ausgewogen und vollwertig sein. Und was heißt das nun? So viel ist sicher: Zu einer ausgewogenen Ernährung gehört Getreide dazu. Aber natürlich meine ich damit vollwertiges Getreide, keine Weißmehlprodukte. Vollwertiges Getreide hat noch seine Schale und den Keimling, und da sind die Vitamine und Mineralien drin. Getreide ist ein großer Vitamin-B-Lieferant. Getreide gehört – in gewissen Mengen – auf den Speiseplan. Interessanterweise ist ein Stück Brot das Lebensmittel, das die meisten Basenfaster richtig vermissen.

Basisch genießen leicht gemacht

Reines Quellwasser, reiner Kräutertee, Sesamsalz, reifes Obst und Gemüse – es gibt beim Basenfasten einiges zu beachten, das Ihnen vielleicht noch nicht so vertraut ist. Erfahren Sie, worauf es beim Einkaufen und bei der Zubereitung ankommt.

Rohkost: ja oder nein?

Obst und Gemüse sollten Sie immer dann verzehren, wenn diese Saison haben und reif sind. Nur dann können sie basisch verstoffwechselt werden. Stellt sich die Frage: roh oder gekocht? Rohkost ist reich an Vitaminen und Spurenelementen, und jede Verarbeitung und jede Erwärmung mindert die Qualität dieser wertvollen Inhaltsstoffe. Nur: Um Rohkost verdauen zu können, benötigen Sie einen guten Stoffwechsel und ein Verdauungssystem, das zu 100% funktioniert – aber wer hat das schon? Nicht umsonst heißt meine 1. goldene Wackerregel: Vorsicht im Umgang mit Rohkost. Zudem haben die Menschen zu allen Zeiten Lebensmittel durch Salzzugabe oder durch andere Methoden konserviert, weil es eben nicht zu allen Jahreszeiten frisches Obst und Gemüse gab. Auch sind nicht alle Menschen gleich. Manche Menschen brauchen einfach eher gekochtes Essen, weil es von innen heraus wärmt, während andere sich nur mit Rohkost richtig fit fühlen. Es ist also durchaus erlaubt, etwas lockerer an dieses Thema heranzugehen. Wenn Sie abends mit einer warmen Suppe glücklich sind, dann essen Sie eine. Problematisch kann allerdings das wiederholte Erwärmen von Gemüsegerichten und Suppen werden. Wärmen Sie nicht häufiger als einmal auf; denn ein zu oft erwärmtes basisches Gericht kann umkippen und sauer reagieren.

Säfte frisch auspressen

Wenn Sie Wert auf eine gute Saftqualität und auf eine hohe Saftausbeute legen, dann sollten Sie sich hier etwas Luxus gönnen: einen guten Entsafter. So geht das Entsaften ganz schnell:

- Bauen Sie den Entsafter immer abends zusammen.
- Waschen Sie das Obst und das Gemüse schon am Abend.
- Wenn Sie Gemüse und Obst aus biologischem Anbau kaufen, können Sie die Schale mit verwenden – das ist gesünder und spart Zeit.
- Kaufen Sie sich einen Apfelteiler, er zerteilt Ihnen den Apfel in wenigen Sekunden so, dass er einfach in den Entsafter passt.

Saft aus Karotten, Äpfeln und Mandeln:

Für ein Glas Saft benötigen Sie 2 mittlere Karotten, 2 mittlere Äpfel und 5 Mandeln. Karotten und Äpfel zerkleinern und in den Entsafter geben. Verzehren Sie den Saft so, als würden Sie ihn essen – das kann 15 Minuten dauern. Speicheln Sie ihn gut ein. Dadurch

werden die Mineralien und Vitamine besser von der Mundschleimhaut aufgenommen und der Saft ist bekömmlicher. Viele Menschen glauben, sie könnten keinen Saft vertragen – sobald sie ihn langsam verzehren, bekommt ihnen der Saft viel besser.

Tipp für Eilige: Nehmen Sie den Saft mit ins Badezimmer – während Sie sich eincremen, schminken oder die Haare machen, können Sie immer wieder einen kleinen Schluck trinken.

Bio: ja oder nein?

Das ist eine Frage, die ich immer wieder in meinen Kursen oder per E-Mail gestellt bekomme. Wer mich kennt, weiß, dass ich ein absoluter Verfechter von Biokost bin. Nahrungsmittel aus biologisch-dynamischem Anbau und auch Fertigprodukte, deren Zutaten aus biologisch-dynamischem Anbau stammen, sind meines Erachtens besser. So ergab eine lebensmittelchemische Untersuchung von Orangen aus konventionellem Anbau und Orangen aus biologischem Anbau, wie beispielsweise Demeter-Erzeugnisse es sind, dass der Vitamin-C-Gehalt der Bio-Orangen um 20% höher lag als der von Orangen aus konventionellem Anbau – wenn das kein Argument ist!

Bei Bio gibt es allerdings einige Unterschiede. Die strengsten Auflagen haben sich einige Verbände gemacht, allen voran der älteste Verband für biologisch-dynamischen Anbau Demeter. Erzeugnisse dagegen, die nur das EU-Bio-Siegel tragen, unterliegen wesentlich weniger Vorschriften. Dennoch sind sie schadstoffärmer als konventionelle Erzeugnisse.

Sie können selbstverständlich auch mit konventionell angebautem Obst und Gemüse Basenfasten. Sie müssen nur wissen, dass der Vitamin- und auch der Mineralstoffgehalt dann entsprechend geringer sind und damit der gesundheitliche Wert sinkt. Wenn Sie bislang nicht von Bioanbau überzeugt sind, dann lassen Sie sich einfach noch Zeit und beginnen Sie erst einmal, sich überhaupt an Obst und Gemüse zu gewöhnen. Denn: Jeder Säurebildner, den Sie gegen einen Basenbildner austauschen, ist schon ein Gewinn für Ihre Gesundheit.

Obst und Gemüse richtig weiterverarbeiten

Welche Gemüsesorten müssen geschält werden? Welche vertragen es, mit der Gemüsebürste abgeschrubbt zu werden? Beim Basenfasten kommen Sie evtl. sogar mit Obst und Gemüse in Kontakt, das Sie nur selten essen. Deshalb beschreibe ich hier jetzt die richtige Vor- und Zubereitung von A wie Ananas bis Z wie Zucchini.

Ananas: Die Palme und die Unterseite abschneiden, sodass die Ananas sicher aufrecht auf dem Schneidebrett steht. Mit einem Messer streifenweise und großzügig von oben nach unten die stachelige Schale herunterschneiden, die Ananas der Länge nach vierteln und den holzigen Kern wegschneiden.

Auberginen: Unter fließendem Wasser waschen, den grünen Strunk abschneiden.

Avocado: Avocado halbieren, den Kern herausnehmen und das Fruchtfleisch mit einem Löffel herausschaben. Solange der Kern in der Avocado ist, bleibt das Fruchtfleisch grün – gilt auch für Pasten.

Blattsalat: Die Blätter vom Kopf lösen, harte Strünke kürzen und Salatblätter in stehendem Wasser gründlich waschen, damit Sand vollständig entfernt wird.

Brokkoli: Den Strunk abschneiden, schälen und würfeln. Die einzelnen Röschen abtrennen und waschen.

Blumenkohl: Die äußeren Blätter vom Blumenkohl entfernen, den Blumenkohl waschen und dann in kleine Röschen teilen.

Butternut (und andere Kürbissorten): Den Kürbis unter fließendem Wasser waschen, den Stiel abschneiden, schälen und die Kerne mit einem Löffel herausschaben.

Chicorée: Den Strunk des Chicorées herausschneiden (da er bitter schmeckt), die Blätter unter fließendem Wasser waschen.

Erdbeeren: Je nach Reifegrad in stehendem oder unter fließendem Wasser waschen und den grünen Stielansatz herausdrehen oder herausschneiden.

Fenchel: Fenchelknollen waschen, äußere Blätter entfernen, den Strunk herausschneiden, das Fenchelgrün aufheben.

Himbeeren, Brombeeren, Heidelbeeren: In stehendem Wasser waschen und evtl. schimmelige Früchte aussortieren.

Feldsalat: Evtl. vorhandene schmutzige Wurzelreste entfernen und den Salat (mehrmals) in stehendem Wasser gründlich waschen, weil er oft sehr sandig ist.
Hokkaidokürbis, Futsu black: Beide Kürbisse müssen nicht geschält werden, weshalb Sie nur den Stielansatz und den Strunk entfernen. Mit der Gemüsebürste unter fließendem Wasser schrubben, halbieren und mit einem Löffel die Kerne herausschaben.
Johannisbeeren, Jostabeeren: Unter fließendem Wasser waschen und die einzelnen Beeren von den Rispen (Stängeln) zupfen.
Kartoffeln, Süßkartoffeln, Steckrüben: Unter fließendem Wasser waschen und schälen. Biokartoffeln müssen nicht unbedingt geschält, sondern nur mit der Gemüsebürste geschrubbt werden.
Karotten, Pastinaken, Petersilienwurzeln: Unter fließendem Wasser mit der Gemüsebürste schrubben.
Lauch: Lauch der Länge nach halbieren und gründlich waschen, da sich zwischen den Blättern viel Erde befinden kann. Dann die äußeren Blätter und den Wurzelansatz entfernen.
Mango: Mango schälen, das Fruchtfleisch mit einem Messer rund um den Kern wegschneiden.
Mangold: Den Strunk je nach Größe der Mangoldstaude abschneiden (2–3 cm), die einzelnen Blätter lösen und unter fließendem Wasser waschen.
Meerrettich: Schälen, waschen und auf einer Gemüsereibe reiben.
Pilze: Mit einem feuchten Küchenkrepp oder mithilfe einer Pilzbürste Erdreste abreiben und auf keinen Fall waschen, da sie sich sonst mit Wasser voll saugen.
Rettich, Eiszapfen, Mairübchen, Navets, Kohlrabi: Unter fließendem Wasser waschen und schälen.
Rote Bete: Rote Bete unter fließendem Wasser waschen, mit Handschuhen schälen, da der rote Farbstoff ziemlich intensiv ist und so schnell nicht mehr verschwindet.
Schwarzwurzeln: Schwarzwurzeln mit Handschuhen unter fließenden Wasser mit einer Bürste säubern, dann mit einem Sparschäler die äußere Schale entfernen und gleich in Zitronenwasser legen, damit die Wurzel sich nicht verfärbt.
Spargel: Weißen Spargel unterhalb der Köpfe mit einem Spargelschäler schälen, die unteren Enden abschneiden. Grüner Spargel muss nicht geschält werden.
Spinat: Die Spinatblätter (mehrmals) in stehendem Wasser waschen, sehr grobe Stielenden kürzen.
Staudensellerie: Die einzelnen Stangen von der Staude lösen, waschen, die Blätter abschneiden (man kann sie für Brühe gebrauchen). Die groben Enden kürzen und von oben nach unten die Stangen entfädeln.
Wildkräuter: Brunnenkresse, Löwenzahn, Portulak, Rukola: In stehendem Wasser gründlich waschen, nicht so schöne Stielenden abschneiden.
Zucchini: Zucchini unter fließendem Wasser waschen, Enden abschneiden (für die Gemüsebürste ist die Haut zu zart).

Basische Grundausstattung

Die folgende Liste enthält die wichtigsten basischen Grundnahrungsmittel, die Sie fürs Basenfasten benötigen. Je nach Rezeptauswahl, die Sie für sich treffen, kommen noch entsprechend Obst, Gemüse, Kräuter, Keimlinge, Samen und Pflanzenöle dazu:

— Reines Quellwasser ohne Kohlensäure in ausreichender Menge: Sie benötigen 2,5–3 Liter pro Tag!
— Reine Kräutertees: Achten Sie darauf, dass Sie keinen grünen Tee, keinen schwarzen Tee, keinen weißen Tee, keine Früchte, keine Mate und keinen Rooibos enthalten.
— 2–3 Sorten kalt gepresstes Öl (Oliven-, Sonnenblumen- oder andere Öle)
— 5–6 Zitronen
— Erdmandelflocken (Chufas Nüssli)
— 1 Glas Gomasio (Sesamsalz)
— Bio-Gemüsebrühe ohne Zucker oder andere Zusatzstoffe (z. B. im Wacker Shop erhältlich)
— Samen und Kerne zum Keimen oder fertig gekeimte Sprossen vom Wochenmarkt oder Getreidekeimlinge
— frische Kräuter der Saison
— Obst, Salat und Gemüse der Saison
— 1 Glas ungefärbte Oliven ohne Knoblauch
— Kartoffeln sollten Sie während des Basenfastens immer vorrätig haben.
— Äpfel und Bananen sollten ebenfalls immer im Haus sein.
— einige Sorten ungeschwefelte Trockenfrüchte
— Außerdem:
— Einen Irrigator (Reprop), wenn Sie Einläufe machen wollen.
— Basenbad

Haben Sie kein Reformhaus und keinen Bioladen in Ihrer Nähe? Kein Problem. Eine basische Grundausstattung können Sie in Deutschland und im europäischen Ausland auch bequem online im Wacker Shop bestellen.

Wenn Sie Lust bekommen haben, Ihre Küche dauerhaft auf basischeres und damit auf gesünderes Essen umzustellen, dann gibt es einige Küchenhilfen und -geräte, deren Anschaffung sich lohnt.

Apfelschneider

Ein Apfelschneider ist ein nützliches, preisgünstiges und leicht zu reinigendes Hilfsmittel, mit dem Sie Äpfel superschnell entkernen und in mundgerechte Schnitze schneiden können. Auch für die Saftherstellung haben die so entstehenden Apfelschnitze genau die richtige Größe. Gute und günstige Apfelschneider finden Sie in Haushaltswarenabteilungen von Kaufhäusern, oft sogar in Supermärkten und natürlich im Internet.

Entsafter

Wenn Sie Kinder haben, ist ein Entsafter die beste Voraussetzung, um Ihren Kindern Vitamine, Mineralien und Bioaktivstoffe schmackhaft zu machen. Aber auch für einen reinen Erwachsenenhaushalt ist die Anschaffung eines Entsafters lohnenswert, wenn Sie sich basisch ausrichten möchten. Allerdings gibt es dabei gravierende Qualitätsunterschiede und leider auch Preisunterschiede.

Billige Entsafter arbeiten mit Zentrifugenkraft. Durch das Zentrifugieren – eine Art Schleudern, bei dem mit bis zu 13.000 Umdrehungen pro Minute gearbeitet wird – entsteht viel Wärme, was den hitzeempfindlichen Vitaminen schadet, und der Saft wird durch das Herumwirbeln aufgeschäumt, was den sauerstoffempfindlichen Enzymen schadet. Im Trester, der zurückbleibt, sind zudem noch zu viele Vitalstoffe drin, die dadurch vergeudet werden.

Hochwertige Entsafter hingegen entwickeln weniger oder kaum Wärme und erhalten dadurch mehr Vitalstoffe. So arbeitet der »Green Star« beispielsweise mit 2 ineinandergreifenden Presswalzen mit niedriger Geschwindigkeit (110 Umdrehungen pro Minute), sodass kaum Wärmeentwicklung stattfindet. Mit ihm lassen sich auch Nüsse und Kräuter – auch Weizen-, Dinkel- und Gerstengras – entsaften. Der »Champion« dagegen arbeitet mit einem Zylinder, der mit Edelstahlklingen besetzt ist, mit 1400 Umdrehungen pro Minute. Beide Geräte sind empfehlenswert, und man schmeckt den Unterschied zum herkömmlichen Zentrifugenentsafter! Wenn Sie sich entschließen, einen Entsafter zu kaufen,

Schonend im Dampf garen: Grundrezept

Verschiedene Gemüse nach Lust und Jahreszeit auswählen, schälen, waschen und in der gewünschten Form klein schneiden. Den Boden des Gemüsedämpfers mit etwa ½ l Wasser bedecken. Das klein geschnittene Gemüse in den Siebteil des Gemüsedämpfers geben – das Gemüse darf nicht in dem Wasser liegen. Nun wird der Topf erhitzt, damit das Wasser kochen kann, und das Gemüse wird gegart, bis es bissfest ist – meist nach wenigen Minuten.

sparen Sie lieber ein wenig und schaffen Sie sich einen Entsafter an, der schonend arbeitet.

Gemüsebürste

Die schonende Gemüsereinigung ist für mich ohne Gemüsebürste gar nicht denkbar. Mit einer Gemüsebürste werden Wurzelgemüse wie Karotten, Petersilienwurzel und Pastinaken, aber auch Kartoffeln unter fließendem Wasser gereinigt. Bei Verwendung von Gemüse aus biologischem oder aus biologisch-dynamischem Anbau ist ein Schälen so oft gar nicht mehr nötig. Damit gehen die wertvollen Vitalstoffe in der Schale nicht verloren. Gemüse aus konventionellem Anbau sollte allerdings geschält werden, da sich unterhalb der Schale die meisten Rückstände der Pflanzenschutzmittel ablagern. Sie finden Gemüsebürsten an Wochenmarktständen, in Supermärkten und in Bioläden. Sie sind aus Naturfasern wie Kokos, Sisal oder Hanf.

Gemüsedämpfer

Das wichtigste Gerät in der basischen, gemüseschonenden Küche ist der Dampfgarer. Damit können Sie jedes Gemüse schnell und besonders vitalstoffschonend zubereiten. Der Dampfgarer besteht aus einem Topf und einem Sieb, das in den Topf hineingestellt wird. Das Gemüse liegt auf dem Sieb, nicht im Wasser, und wird nur durch den Wasserdampf gegart. Da die Wassermenge sehr gering ist, verkürzt sich der Garvorgang. Es gibt auch faltbare Siebe zum Einhängen in jeden Topf zu kaufen. Sie sind viel preiswerter, aber etwas schlechter zu reinigen. Ein asiatischer Bambusdämpfer, auch Steam Basket genannt, eignet sich prima, um vitaminschonend zu garen. Die 2 Körbe ermöglichen das praktische und zeitsparende Garen auf mehreren Etagen. Die Bambuskörbe werden bestückt, übereinandergestapelt, dann kommt der Bambusdeckel drauf – und einfach in eine Pfanne oder einen Topf stellen. Füllen Sie 2–3 cm hoch Wasser hinzu, und nach etwa 10 Minuten ist das Gemüse gar.

Gemüsereibe

Gemüsereiben finden sich in jedem Haushalt in allen möglichen Variationen. Egal, ob Sie eine einfache gerade oder runde mechanische aus Metall oder Plastik haben oder ob sie Bestandteil Ihrer Küchenmaschine ist – Gemüsereiben sind sinnvoll. Sie können damit Gemüse zu allen möglichen Größen verarbeiten: Scheiben, Stifte, Raspel. Wenn Sie gerne mal ein hauchdünnes Gemüsecarpaccio herstellen wollen, dann empfehle ich allerdings einen Trüffelhobel.

Trüffelhobel

Ein Trüffelhobel (oder auch eine Trüffelreibe) gehört zu den kleinsten Reibeisen überhaupt. Ihr Zweck besteht darin, sehr dünne Trüffelscheibchen zu erzeugen, die so geschnitten ihr volles Aroma entfalten können. Mit dem Hobel lassen sich neben Trüffeln prima Pilze fürs Carpaccio hauchdünn aufschneiden. Aber mit dem Hobel lassen sich auch Rohkostgerichte perfekt zubereiten, denn das Aroma der Gemüse wird dadurch intensiver.

Gemüseschäler

Sie wissen nicht, was ein Gemüseschäler ist? Bestimmt haben Sie einen zu Hause, denn er ist besser unter dem Namen Spargelschäler bekannt. Es gibt verschiedene Ausführungen von Gemüseschälern, ich bevorzuge die einfachen alten ohne jedes Extra. Egal, ob Sie ein einfaches oder ein schickes Modell zu Hause haben – es ist ein ganz wichtiges Küchenhilfsmittel beim Basenfasten, denn Gemüse gibt es in dieser Zeit genug zu schälen. Sie können damit Kartoffeln, Pastinaken, Schwarzwurzeln, Wurzelpetersilie, kurz alles schälen, was sich nicht nur durch die Gemüsebürste bearbeiten lässt. Wenn Sie doch keinen haben: Sie finden Gemüseschäler auf Wochenmärkten, in den Haushaltsabteilungen der Kaufhäuser und in vielen Supermärkten. Und sie sind preiswert.

Ingwerreibe

Die Anschaffung einer Ingwerreibe lohnt sich eigentlich nur dann, wenn Sie viel mit Ingwer kochen. Wenn Sie ein Freund der asiatischen Küche sind oder wenn Sie morgens gerne Ingwerwasser trinken, dann ist die Reibe angenehm, denn sie schließt den Ingwer gut auf, und das Ingweraroma entfaltet sich so schneller. Zudem vermeiden Sie dadurch, dass Sie auf die scharfen Ingwerstückchen beißen. Ingwerreiben sind in der Regel aus Porzellan oder aus Glas. Sie sind nicht so scharf wie Reiben aus Metall.

Keimgläser zur Sprossenzucht

Es gibt jede Menge Geräte auf dem Markt, um Sprossen selbst zu ziehen. Ich verwende am liebsten die einfachen Einmachgläser mit leicht zu reinigendem Metallschraubdeckel, wie sie die Firma Eschenfelder (z. B. im Wacker Shop) anbietet. Alles andere ist zu viel Schnickschnack und zu platzraubend. Als ich in den Siebzigern begonnen habe, meine ersten Sprossen aus Linsen zu ziehen, habe ich ein Marmeladenglas verwendet und einen Fliegendraht aus einem Haushaltswarengeschäft darübergelegt. Das hat völlig ausgereicht. Mein Spartipp: Wenn Sie Samen zur Sprossenzucht einkaufen, müssen Sie nicht die teuren Spezialpäckchen kaufen. Kaufen Sie ganz normal große Packungen zu 250 oder 500 Gramm – beispielsweise Weizen, Sonnenblumenkerne, Linsen, Kichererbsen. Solange ihr Haltbarkeitsdatum nicht überschritten ist, müssen sie keimfähig sein.

Milchaufschäumer

Haben Sie noch in irgendeiner Schublade einen alten Milchaufschäumer aus den Zeiten, als Sie noch keine Espressomaschine hatten? Entstauben Sie ihn und verwenden Sie ihn zur Herstellung von basischen Salatsaucen. Ich jedenfalls habe meinen dazu umfunktioniert (obwohl ich keine Espressomaschine besitze). Die Saucenbestandteile vermengen sich mithilfe dieses Gerätes viel besser, als wenn Sie das von Hand versuchen, und es entsteht dabei ein kleiner Schaum, der Saucen so gourmetartig aussehen lässt. Mit dem Milchaufschäumer gelingt dies binnen weniger Sekunden. Wenn Sie doch keinen haben: Einen einfachen, batteriebetriebenen Milchaufschäumer gibt es für wenige Euro in Haushaltswarenabteilungen von Kaufhäusern.

Fürs Büro: Thermos-Speisegefäß

Unverzichtbar für alle Berufstätigen ist das Thermos-Speisegefäß und ich bin sehr froh, als ich ihn auf einer Ambiente-Messe gefunden habe. Es erleichtert die *Basenfasten-Küche* so ungemein, denn Sie können wunderbar Ihr Basenfasten-Gericht zuhause zubereiten und auch eine warme Speise mit ins Büro nehmen. Das Gefäß ist spülmaschinenfest, aus Edelstahl, sehr dicht und hat einen integrierten, klappbaren Metalllöffel, der im Deckel verankert ist. Auch für Wanderungen beim Basenfasten ist das Thermos-Speisegefäß ideal. Erhältlich im Wacker Shop.

Pürierstab

Ein Pürierstab, auch Zauberstab genannt, ist ein ganz wesentliches Hilfsgerät, um Gemüsecremesuppen herzustellen. Auch nach der Basenfastenzeit schaffen basische Cremesuppen schnell einen Ausgleich für zu viele Säuresünden. Im Rezeptteil dieses Buches und in unseren Basenfastenbüchern finden Sie jede Menge Ideen für Gemüsecremesuppen. Sollten Sie daher keinen Pürierstab besitzen – seine Anschaffung lohnt sich.

Scharfe Messer

Nicht nur in der asiatischen, auch in der basischen Gemüseküche brauchen Sie scharfe Messer. Von Messern mit dem sogenannten Wellenschliff raten Profis ab und empfehlen sehr scharfe Messer mit glatter Schneidfläche. Denn: Die schonende Zubereitung von Gemüse fängt mit dem Schneiden an. Mit scharfen und glatten Messern erhalten Sie beim Schneiden die meisten Vitalstoffe, denn es werden dadurch nur wenig Pflanzenzellen, die die wertvollen Nährstoffe enthalten, verletzt. Seit einigen Jahren gibt es besonders hochwertige Messer aus Keramik. Deren leichte Klingen sind extrem scharf und behalten ihre Schärfe erheblich länger als konventionelle Stahlklingen. Sie schneiden schnell und leicht, das Gemüse wird bei der Verarbeitung nicht gequetscht und bleibt nicht an der Klinge kleben. Ihre glatten Oberflächen sind zudem hygienisch und rosten nicht. Der einzige Nachteil: Sie dürfen nicht runterfallen, denn sie sind nicht bruchsicher. Ich wasche meine nach dem Schneiden immer selbst von Hand und lasse sie gleich wieder in der Schublade verschwinden. Das verlängert die Lebensdauer enorm.

Zitruspresse

Zitruspressen finden sich eigentlich mindestens in einer Ausführung in jedem Haushalt – aus Plastik, Glas oder Keramik. Es gibt auch elektrische Zitruspressen – ich bevorzuge einfache, mechanische, denn sie lassen sich viel schneller reinigen und brauchen nicht so viel Platz. Beim Basenfasten benötigen Sie die Zitruspresse für das basische Salatdressing und für das basische Müsli.

Immer al dente mit der Gemüsespaghettimaschine

Wer einmal Gemüsespaghetti gegessen hat, möchte so schnell nicht mehr drauf verzichten. Und wenn Sie Kinder haben, dann erst recht nicht. Kinderleicht geht es mit dem Lurch Spiralschneider (im Wacker Shop erhältlich).

Es handelt sich dabei um eine Gemüsespaghettimaschine. Mit einer solchen Maschine wird das Gemüse mit einer Kurbel so aufgeschnitten, dass sehr lange, dünne und spaghettiartige Fäden entstehen. Durch diese feine Schneidweise erhält das Gemüse ein deutlich verfeinertes Aroma – das kommt sowohl als Salat als auch in einer klaren Brühe oder in Öl gedünstet gut zur Geltung. So entstehen in Windeseile schön gleichmäßige Spaghetti aus Kartoffeln, Karotten oder Kohlrabi.

© Alliance/stock.adobe.com – Stockfoto. Von einem Model gestellt.

BASISCH

Die Rezepte

MORGENS

TEE, SÄFTE, SMOOTHIES

Ananas-Kiwi-Smoothie

Vitaminreich | 2 Personen | 9 Min. | Für jede Saison

1 TL Mandelblättchen
½ reife große Ananas oder 1 kleine reife Ananas
2 reife Kiwis
2 TL Kokosflocken

• • •

Die Mandelblättchen in einer Pfanne ohne Fett anrösten. — Die Ananas schälen, den Strunk entfernen und die Ananas in grobe Würfel schneiden. — Die Kiwis schälen, würfeln, mit der Ananas in einen Mixer geben und pürieren. — Den fertigen Smoothie mit Mandelblättchen und Kokosflocken bestreut servieren.

Ingwertee

Vitalstoffreich | **2 Personen**
7 Min. | **Für jede Saison**

3–4 cm frischer Ingwer

• • •

Ingwer schälen und in dünne Scheiben schneiden. Die Ingwerscheiben in Teebecher geben und siedendes Wasser darübergießen. Nach 3–5 Min. können Sie den Ingwertee trinken.

TIPP Sie müssen nicht frühstücken, wenn Sie es nicht gewohnt sind. Auch ein Ingwertee ist ein gutes Morgengetränk, das den Kreislauf in Schwung bringt.

Matteos Zitronenmelisse-Eistee

Vitalstoffreich | **Für den Vorrat**
5 Min. | **Für jede Saison**

1 Beutel Zitronenmelisse-Tee
(oder 2 mittelgroße Zweige frische Zitronenmelisse)
½ Zitrone
2 Orangen

• • •

1 Liter Zitronenmelissen-Tee kochen, im Kühlschrank abkühlen lassen, den Saft einer halben Zitrone und 2 ausgepresste Orangen zu der Mischung geben.

VARIANTE Wahlweise kann auch frisch gepresster Apfel-, Kiwi- oder Mangosaft verwendet werden. Schmeckt köstlich!

TIPP Mein Sohn Matteo hat dieses Rezept erfunden. Zitronenmelissentee aus frischen Blättern gemacht schmeckt besonders aromatisch. Kaufen Sie sich einen Topf mit Zitronenmelisse für die Fensterbank, wenn Sie keine im Garten haben. Sie können aber auch getrocknete Zitronenmelisse kaufen, auch als Filterbeutel. Den Eistee am besten nur bis 14 Uhr genießen.

Kräutertee

Vitalstoffreich | **2 Personen**
10 Min. | **Für jede Saison**

• • •

Kräutertee sollten Sie während des Basenfastens immer in einer Thermoskanne bereithalten. Als Sorten eignen sich alle Mischungen einheimischer Kräuter wie Pfefferminze, Melisse, Kamille, Brennnessel, Brombeerblätter und Ringelblumen.

TIPP Bitte achten Sie darauf, dass im Kräutertee keine Früchte oder Fruchtschalen enthalten sind.

Äpfel-**Karotten-Saft** mit **Mandeln**

Mineralstoffreich | **2 Personen**
7 Min. | Für jede Saison

5 Äpfel
2 große Karotten
10 Mandeln oder frische Walnüsse
1 EL gekeimte Haferflocken

• • •

Die Äpfel waschen und mit einem Apfelteiler in Schnitze schneiden. — Die Karotten unter fließendem Wasser mit der Gemüsebürste abbürsten und in mittelgroße Stücke schneiden, sodass sie in den Entsafter passen. — Abwechselnd Apfel-, Karottenstücke und Nüsse in den Entsafter geben. — Die gekeimten Haferflocken untermischen.

Apfelsaft mit **Karotten** und **Grapefruit**

Vitalstoffreich | **2 Personen**
9 Min. | Für jede Saison

4 Äpfel
2 große Karotten
1 EL Sonnenblumenöl
1 EL Leinsamen
1 Grapefruit

• • •

Die Äpfel waschen und mit einem Apfelteiler zerkleinern und entkernen. — Die Karotten unter fließendem Wasser mit der Gemüsebürste abbürsten und in mittelgroße Stücke schneiden, sodass sie in den Entsafter passen. Abwechselnd Apfel- und Karottenstücke in den Entsafter geben. Das Öl zusammen mit den Leinsamen unterrühren. — Die Grapefruit halbieren, mit einer Zitruspresse entsaften und zum übrigen Saft geben.

Kohlrabi-Karotten-Saft mit **Sesam**

Kalziumreich | **2 Personen**
7 Min. | Für jede Saison

4 Kohlrabi
2 große Karotten
2 EL Sesam
1 EL Sonnenblumenkerne
1 EL Sonnenblumenöl

• • •

Die Kohlrabi und die Karotten unter fließendem Wasser mit der Gemüsebürste abbürsten und in mittelgroße Stücke schneiden, sodass sie in den Entsafter passen. — Zuerst die Sesamsamen und die Sonnenblumenkerne, dann die Gemüsestücke in den Entsafter geben. — Zum Schluss das Sonnenblumenöl unter den Saft mischen.

TIPP Verwenden Sie Gemüse aus biologischem oder biologisch-dynamischem Anbau – so können Sie die Schale und ihre wertvollen Vitalstoffe mit trinken.

Mangosmoothie mit **Minneolas**

Vitalstoffreich | 2 Personen | 9 Min. | Winter

2 reife Mangos
(falls möglich Flugmangos)
2 mittelgroße Minneolas
(wahlweise Saftorangen)
2 Msp. Bourbonvanille

• • •

Die Mangos schälen, den Kern entfernen und das Fruchtfleisch in den Mixer geben. — Die Minneolas oder Saftorangen mit einer Zitruspresse entsaften und den Saft nach und nach zu den Mangos in den Mixer geben und vermischen. Die Vanille dazugeben und vermischen.

TIPP Minneolas sind eine Kreuzung aus Orangen und Mandarinen. Sie haben besonders viel Saft und ein köstliches Orangen-Mandarinen-Aroma. Anders als Orangen sind sie nur in den Wintermonaten zu bekommen.

< Mangosmoothie mit Minneolas

Vitamin-C-Drink mit **Jostabeeren**

Vitalstoffreich | 2 Personen
7 Min. | Sommer

1 Schale Jostabeeren
1 Apfel
1 Karotte
1 EL Sonnenblumenkerne

• • •

Die Jostabeeren waschen, abtropfen lassen. Den Apfel waschen und mit einem Apfelteiler zerkleinern. — Die Karotte unter fließendem Wasser mit der Gemüsebürste abbürsten und in mittelgroße Stücke schneiden, sodass sie in den Entsafter passt. — Alle Zutaten abwechselnd in den Entsafter geben, damit die weichen Jostabeeren keinen »Saftstau« verursachen. Sie brauchen etwas länger, bis sie ganz entsaftet sind, was durch die härtere Karotte etwas abgefangen wird. — Zum Schluss das Öl unterrühren.

Sommerlicher **Beerensmoothie**

Mineralstoffreich | 2 Personen
9 Min. | Sommer

1 kleine Schale reife Bio-Erdbeeren
1 kleine Schale Himbeeren
1 Banane
1 EL Pistazien
einige frische Blätter Zitronenmelisse

• • •

Die Erdbeeren waschen, abzupfen und in den Mixer geben. — Die Himbeeren waschen und mit der geschälten Banane und den Pistazien in den Mixer geben. Mit den gewaschenen Blättern der Zitronenmelisse verziert in Glasschalen servieren.

Johannisbeer-Äpfel-Saft

Vitaminreich | 2 Personen | 7 Min. | Sommer

5 Äpfel
½ Schale schwarze Johannisbeeren
1 EL Leinöl

• • •

Die Äpfel waschen und mit einem Apfelteiler zerkleinern und entkernen. — Die schwarzen Johannisbeeren waschen und abtropfen lassen. Abwechselnd Apfelstücke und schwarze Johannisbeeren in den Entsafter geben. — Das Leinöl in den Saft rühren.

TIPP Da Johannisbeeren sehr weich und saftreich sind, müssen Sie eine etwas längere Entsaftungszeit einplanen.

Apfel-Zitronenmelisse-Saft

Vitalstoffreich | 2 Personen
7 Min. | Sommer

8 knackige Äpfel
2 Handvoll frische Zitronenmelisse

• • •

Die Äpfel waschen und mit dem Apfelschneider in Achtel teilen. Zuerst die Zitronenmelisseblätter (2 Stück zurückbehalten), dann die Apfelstücke in den Entsafter geben und auspressen. — Mit den Zitronenmelisseblättern verziert servieren.

TIPP Zitronenmelisseblätter sind auch eine erfrischende Beigabe zu Obstsalaten, können frisch oder getrocknet als Tee verwendet und zu Obst und Gemüse in den Entsafter gegeben werden.

Saft aus Kiwi, Birnen und Orangen

Vitalstoffreich | 2 Personen | 9 Min. | Herbst

2 Kiwis
4 reife Birnen
1 Orange
1 EL gemahlene Hanfsamen

• • •

Die Kiwis schälen, halbieren, die Birnen entkernen, in kleine Schnitze schneiden. Alles in den Entsafter geben. — Die Orange mit der Zitruspresse entsaften und mit dem Birnen-Kiwi-Saft vermischen. — Die gemahlenen Hanfsamen unterrühren.

Quitten-Karotten-Saft

Vitalstoffreich | 2 Personen | 7 Min. | Herbst

6 reife Apfel- oder Birnenquitten
2 Karotten
1 EL Erdmandelflocken
1 EL Leinöl

• • •

Die Quitten waschen, achteln, das Kerngehäuse entfernen und die Quitten in den Entsafter geben. — Die Karotten unter fließendem Wasser mit der Gemüsebürste abbürsten und in mittelgroße Stücke schneiden, sodass sie in den Entsafter passen. — Die Quitten und die Karotten entsaften und die Erdmandelflocken sowie das Leinöl untermischen.

TIPP Quittensaft schmeckt herb und leicht säuerlich – meine Kinder lieben ihn. Mir selbst ist er zu herb, ich verfeinere ihn gerne mit einer Karotte oder verwende 2 Äpfel und 2 Quitten für den Saft.

Ananas-Birnen-Saft

Vitalstoffreich | 2 Personen | 9 Min. | Herbst

1 reife mittelgroße Ananas
4 reife Birnen
1 EL Avocadoöl
einige Blättchen Zitronenmelisse

• • •

Die Ananas schälen und in grobe Stücke schneiden, die in den Entsafter passen. — Die Birnen waschen, entkernen und in grobe Schnitze schneiden. Die Ananasstücke und die Birnenschnitze in den Entsafter geben und entsaften. — Das Avocadoöl dazugeben. — Mit den Zitronenmelisseblättchen verziert servieren.

TIPP Wenn die Birnen schon sehr reif und weich sind, können Sie die Birnen- und die Ananasstücke einfach in den Mixer geben und einen Shake daraus herstellen. Geht blitzschnell und ist genauso basisch.

Stachelbeer-Smoothie mit Banane

Selenreich | 2 Personen | 9 Min. | Sommer

1 große Schale reife, weiche Stachelbeeren
1 reife Banane
½ Zitrone
1 EL gemahlene Paranüsse

• • •

Die Stachelbeeren waschen, abzupfen und mit der geschälten Banane in den Mixer geben. — Die Zitrone auspressen und zum Stachelbeer-Bananen-Mix geben. — Die gemahlenen Paranüsse über den fertigen Shake streuen.

Pflaumensmoothie mit Walnüssen

Vitalstoffreich | 2 Personen | 9 Min. | Herbst

500 g weiche reife Pflaumen
2 reife Bananen
2 Msp. Zimt
1 TL gehackte frische Walnüsse

• • •

Die Pflaumen waschen, entkernen und die Pflaumen in den Mixer geben. — Die Bananen schälen, mit dem Zimt in den Mixer geben und aufmixen. — Die gehackten Walnüsse über die fertigen Smoothies verteilen.

ACE-Saft mit schwarzen Johannisbeeren

Besonders basisch | 2 Personen | 7 Min. | Sommer

3 Äpfel
2 Karotten
½ Schale schwarze Johannisbeeren
1 EL Sesamöl oder 1 EL Sesam
1 Msp. Kurkuma

• • •

Die Äpfel waschen und mit einem Apfelteiler zerkleinern und entkernen. — Die Karotten unter fließendem Wasser mit der Gemüsebürste abbürsten und in Stücke schneiden, sodass sie in den Entsafter passen. — Die schwarzen Johannisbeeren waschen und abtropfen lassen. Abwechselnd Apfelstücke, Karotten und Johannisbeeren in den Entsafter geben. — Das Öl und Kurkuma unterrühren. Wenn Sie Sesam verwenden, geben Sie die Samen mit den Apfel- und Karottenstücken in den Entsafter.

Wenn Sie kein Obst vertragen

Es gibt viele Allergiker, die Obst nicht vertragen, weil sie Blähungen oder Hautausschläge bekommen. In diesem Fall gibt es folgende Möglichkeiten:

— Wenn Sie morgens keinen oder wenig Hunger haben, verzichten Sie völlig auf das Frühstück und trinken Sie bis zum Mittag 1–1,5 Liter verdünnten Kräutertee oder heißes Wasser. Das gibt dem Bauch ein wenig das Gefühl, etwas drinzuhaben.

— Die 2. Möglichkeit ist, eine Gemüsebrühe zu trinken. Gewiss, das klingt seltsam. Aber in asiatischen Ländern ist es durchaus üblich, morgens Gemüse und/oder Getreide zu essen.

— Die 3. Möglichkeit ist, einen frisch gepressten Gemüsesaft zu trinken.

Wie Sie Säfte richtig trinken

Verzehren Sie den Saft so, als würden Sie ihn essen. Dadurch werden die Mineralien und Vitamine besser von der Mundschleimhaut aufgenommen. Viele Menschen glauben, sie könnten keinen Saft vertragen – sobald sie ihn langsam verzehren, bekommt ihnen der Saft viel besser.

Mein sommerlicher Smoothie-Tag

Morgens: Himbeersmoothie

Vitalstoffreich | 2 Personen
8 Min. | Sommer

1 Schale Himbeeren
1 reife Banane
1 EL Kokosöl
1 EL geschrotete Hanfsamen

• • •

Himbeeren waschen und in den Mixer geben. – Banane schälen und in den Mixer geben. – Beides zusammen mit dem Kokosöl pürieren. – Den Smoothie in Gläser füllen und die geschroteten Hanfsamen darübergeben.

Mittags:
Gurken-Gazpacho-Smoothie

Vitalstoffreich | 2 Personen | 12 Min. | Sommer

1 Gurke
1 Frühlingszwiebel
2 EL Olivenöl
100 ml Gemüsebrühe
Dill
Kräutersalz
frisch gemahlener bunter Pfeffer
Saft von ½ Zitrone

• • •

Gurke schälen, längs halbieren und mit einem Löffel von den Kernen befreien. Danach in kleine Stückchen schneiden. – Frühlingszwiebeln waschen, putzen und klein schneiden. Olivenöl in einem Topf erhitzen. Frühlingszwiebel und Gurken hinzugeben und kurz dünsten. Gemüsebrühe dazugeben und 5 Minuten köcheln lassen. Kurz abkühlen lassen und alles pürieren. – Dill waschen, mit einem Wiegemesser fein hacken und unter die Gazpacho mischen. Anschließend noch mit Kräutersalz, Pfeffer und Zitronensaft abschmecken. – Für ein paar Stunden kühl stellen.

Abends:
Lauwarmer Tomaten-Smoothie

Besonders basisch | 2 Personen | 20 Min. | Sommer

300 g reife Tomaten
1 rote Paprika
1 Schalotte
2 EL Olivenöl
100 ml Gemüsebrühe
etwas Kräutersalz
frisch gemahlener Pfeffer

• • •

Die Tomaten und die Paprika waschen, putzen und in grobe Stücke schneiden. – Die Schalotte schälen und ebenfalls in grobe Stücke schneiden. – Alles zusammen mit dem Öl und der warmen Gemüsebrühe in den Mixer geben. Mit etwas Kräutersalz und Pfeffer abschmecken. Danach kurz runterkühlen lassen und genießen.

MORGENS

MÜSLIS UND OBSTSALATE

Ananas-Himbeer-Müsli

Vitalstoffreich | 2 Personen | 7 Min. | Sommer

1 kleine reife Fluganananas
½ Schale Himbeeren
4 TL Erdmandelflocken
1 EL gehackte Mandeln
einige Blättchen frische Pfefferminze

• • •

Die Ananas schälen, den Strunk entfernen und die Ananas in kleine Stückchen schneiden. — Die Himbeeren vorsichtig waschen, abtropfen lassen und über die Ananasstückchen verteilen. — Die Erdmandelflocken und die gehackten Mandeln unter das Obst mischen. Mit Pfefferminzeblättchen verziert servieren. Schmeckt köstlich.

Das basische Müsli

Das basische Müsli ist eine optimale Grundlage für den Tag. Es sättigt, schmeckt superlecker und kurbelt die Verdauung an. Das Besondere: Es ist ohne Milch, Sahne oder Joghurt und ohne Getreide. Anstelle des süßen Getreideanteils enthält es Erdmandelflocken –, die basisch verstoffwechselt werden und bekömmlicher sind als Getreide. Probieren Sie die vielen Varianten, die das basische Müsli bietet. Auch Rosinen, Sultaninen und klein geschnittenes Trockenobst wie Aprikosen, Pflaumen, Papayas, Feigen oder Datteln sowie basische Nüsse (Mandeln, Macadamianüsse, Paranüsse, Pistazien), aber auch Kokosflocken bereichern das basische Müsli. Verwenden Sie immer die Obstsorten, die gerade Saison haben – so wird das Müsli nie langweilig und kann auch nach dem Basenfasten ein fester Bestandteil Ihres Speiseplans sein.

Das einfache Obstfrühstück

Verwenden Sie 2–3 Obstsorten (je nach Jahreszeit). Im Winter eignen sich z.B. 2 Bananen und 1 Apfel. Im Sommer und Herbst können Sie Beeren, Trauben, Pfirsiche, Pflaumen wählen – ganz nach Belieben. Natürlich können Sie das Obst einfach so essen. Genussvoller ist es, wenn Sie es schneiden, auf einem Teller anrichten und mit ein paar Blättchen Pfefferminze oder Zitronenmelisse dekorieren. Wenn es schnell gehen muss und Sie morgens keinen Hunger haben: Packen Sie sich Obst der Saison ein und verzehren Sie es in Ruhe in Ihrer Frühstückspause.

Grundrezept
Basisches Müsli

Ballaststoffreich | 2 Personen | 8 Min. | Für jede Saison

2 reife Bananen
1 Apfel aus biologischem Anbau
1 EL Mandelblättchen
4 TL Erdmandelflocken (Chufas Nüssli)
Saft einer ½ Zitrone

• • •

Die Bananen mit einer Gabel zerdrücken. — Den Apfel nur waschen, nicht schälen und klein raspeln. — Die Mandelblättchen zusammen mit Chufas Nüssli und dem Zitronensaft untermischen.

VARIANTE Anstelle der Mandelblättchen ist auch 1 TL Mandelmus lecker. Anstelle der Chufas Nüssli sind auch Sonnenblumenkerne, Blütenpollen oder 2 TL geschroteter Leinsamen geeignet. Auch einige milde Sprossensorten wie etwa Linsenkeimlinge schmecken im Müsli hervorragend.

Würziges **Winter-müsli**

Ballaststoffreich | 2 Personen
7 Min. | Winter

2 reife Bananen
1 Apfel
1 EL Rosinen
4 TL Erdmandelflocken
(Chufas Nüssli)
1 EL gekeimte Haferflocken
1 Msp. gemahlener Zimt
1 Msp. gemahlener Kardamom
1 Msp. Bourbonvanille
1 Mandarine

• • •

Die Bananen schälen und in kleine Scheiben schneiden. — Den Apfel waschen, mit dem Apfelschneider in Achtel teilen und die Stücke dann in dünne Scheiben schneiden. Die Rosinen, die Erdmandelflocken, die gekeimten Haferflocken sowie Zimt, Kardamom und Vanille unter das Obst mischen. — Die Mandarine auspressen und den Saft über das Müsli verteilen.

Buntes Beeren**müsli**

Besonders basisch | 2 Personen
5 Min. | Sommer

1 kleine Schale reife Erdbeeren
1 kleine Schale gelbe
reife Himbeeren
1 kleine Schale Heidelbeeren
Saft von ½ Zitrone
einige frische Zitronenmelisse-
blätter
2 EL Erdmandelflocken
1 EL Haferkeimlinge

• • •

Die Erdbeeren waschen, die Blättchen abzupfen und die Erdbeeren vierteln. Die Himbeeren und die Heidelbeeren waschen, abtropfen lassen und mit den Erdbeeren vermischen. — Die Zitrone auspressen und mit den gewaschenen Zitronenmelisseblättern und den Erdmandelflocken unter die Beeren heben. — Die Haferkeimlinge darüberstreuen.

TIPP Wenn Sie keine gelben Himbeeren finden, können Sie selbstverständlich auch die rote Sorte verwenden. Gelbe Himbeeren findet man meist nur auf Wochenmärkten.

Brombeer-Pfirsich-**Müsli**

Vitalstoffreich | 2 Personen | 7 Min. | Herbst

2 reife Pfirsiche
2 Handvoll reife Brombeeren
4 TL Erdmandelflocken
2 EL gehackte Walnüsse
1 TL Bourbonvanillepulver

• • •

Die Pfirsiche waschen, entkernen und das Fruchtfleisch in kleine Stücke schneiden. — Die Brombeeren waschen, abtropfen lassen und über die Pfirsiche verteilen. — Die Erdmandelflocken, die gehackten Walnüsse und das Vanillepulver unter das Obst mischen.

VARIANTE Probieren Sie dieses Müsli auch einmal mit reifen Nektarinen oder mit Aprikosen. Verwenden Sie dazu anstelle der Pfirsiche 2 reife Nektarinen oder 6 reife Aprikosen. So kommt Abwechslung in das Herbstmüsli.

Basisches Müsli mit Maracuja

Ballaststoffreich | 2 Personen
7 Min. | Winter/Frühling

2 reife Bananen
2 reife Maracujas
1 EL gemahlene Mandeln
4 TL Erdmandelflocken
(Chufas Nüssli)

• • •

Die Bananen schälen und in kleine Scheiben schneiden. — Die Maracujas halb aufschneiden, den Saft und das Fruchtfleisch mit den Kernen mit einem Löffel herausholen und über die Bananen verteilen. Die gemahlenen Mandeln und die Erdmandelflocken untermischen.

TIPP Reife Maracujas erkennt man daran, dass sie verschrumpelt aussehen.

Sommerliche Melonenschale mit **Minze und Beeren**

Vitaminreich | **2 Personen** | **8 Min.** | **Sommer**

1 kleine reife Netzmelone
2 Handvoll Erdbeeren
1 Handvoll Heidelbeeren
einige frische Pfefferminzblätter
1 TL gehackte Mandeln

• • •

Die Melone achteln, schälen und die Kerne im Innern mit einem Löffel herausschälen. Das Melonenfruchtfleisch in kleine, mundgerechte Stücke schneiden. — Die Erdbeeren waschen, abzupfen, vierteln und mit den Melonen vermengen. — Die Heidelbeeren waschen und unter die Obststücke mischen. Mit den Pfefferminzblättern und den gehackten Mandeln garniert servieren.

Beerensalat mit Zitronenmelisse-**Dressing**

Vitalstoffreich | **2 Personen**
10 Min. | **Sommer**

½ Schale Himbeeren
½ Schale Heidelbeeren
½ Zitrone
1 TL Agavendicksaft
1 EL gehackte Pistazien
einige Blätter Zitronenmelisse

• • •

Die Beeren waschen und abtropfen lassen. — Die Zitrone auspressen, mit dem Agavendicksaft, den gehackten Pistazien und der klein gezupften Zitronenmelisse vermischen und über die Beeren verteilen.

TIPP Sind Sie ein Wenigesser? Es reicht völlig, wenn Sie 1 bis 2 Obstsorten am Morgen essen. Vorsicht: Nehmen Sie sich nicht zu viel Obst vor, wenn Sie morgens nicht sehr hungrig sind – vielleicht genügt ein kleiner Obstsalat. Auch ein frisch gepresster Saft ist ideal: Er bringt Vitalstoffpower für den Tag und macht munter.

Mango-Himbeer-**Traum**

Vitalstoffreich | **2 Personen**
5 Min. | **Sommer**

2 sehr reife Flugmangos
1 Handvoll reife Himbeeren
3–5 Blättchen frische Zitronenmelisse
1 EL gekeimte Haferflocken

• • •

Die Mangos schälen, den Kern entfernen und die Mangos über der Schüssel in kleine Stücke schneiden, damit der Saft nicht verloren geht. — Die Himbeeren und die Zitronenmelisseblätter abwaschen und über die Mangostücke verteilen. — Die gekeimten Haferflocken darüberstreuen.

TIPP Für dieses Rezept habe ich die Sorte »Amelie« verwendet – eine sehr reife, kurzfaserige, biologisch-dynamische Flugmango. Kommentar meines Sohnes Matteo: Diese Mango hat nichts Materielles mehr, die ist nur noch reiner Geschmack – hmmmmm …

Flugmango mit **Kiwi**

Vitalstoffreich | **2 Personen** | **5 Min.** | **Herbst**

1 Flugmango
2 Kiwis
1 EL Mandelblättchen
einige frische Blättchen Zitronenmelisse

• • •

Die Flugmango waschen, schälen und in kleine Stücke schneiden. — Die Kiwis schälen, halbieren und in Scheiben schneiden. — Beide Obstsorten mischen und mit den Mandelblättchen vermengen. Mit den Zitronenmelisseblättern verzieren.

TIPP Flugmangos und auch Fluganas werden im Flugzeug angeliefert, haben so einen kürzeren Reiseweg und können entsprechend reif geerntet werden. Fluganans sind inzwischen auf allen Wochenmärkten zu bekommen, Flugmangos findet man noch nicht allzu oft. Sie können auch eine auf dem Schiffsweg eingeführte Mango kaufen. Achten Sie aber darauf, dass sie schön gelb und reif ist.

MORGENS

WARME FRÜHSTÜCKE

Chufas-Porridge

Ballaststoffreich | 1 Person | 7 Min. | Für jede Saison

4 EL Bio-Erdmandelflocken
100 ml heißes Quellwasser oder heiße Mandelmilch
1 Banane
½ Apfel
2 getrocknete Feigen, ungeschwefelt
1 TL Leinsamen, geschrotet

• • •

Die Erdmandelflocken mit heißem Wasser übergießen, umrühren und kurz aufquellen lassen. — Die Banane schälen, mit einer Gabel zerdrücken und zum Porridge geben. — Den ½ Apfel fein reiben und zum Porridge geben. — Die Feigen klein schneiden und zusammen mit den Leinsamen zum Erdmandel-Porridge geben. — Das Erdmandel-Porridge in einer Schüssel anrichten und genießen.

Bratapfel mit Mandelmus

Katziumreich | 2 Personen
10–15 Min. | Für jede Saison

2 große schöne Äpfel
2 EL Mandelmus
2 TL gehackte Mandeln

• • •

Die Äpfel waschen, das Gehäuse mit einem Apfelentkerner entfernen und erst das Mandelmus, dann die gehackten Mandeln hineinfüllen. — Die Äpfel in eine feuerfeste Form geben und 3 bis 4 Esslöffel Wasser auf dem Boden der Form verteilen. Die Äpfel im Backofen bei 180 °C so lange erwärmen, bis die Apfelschale leicht braun wird.

< Bratapfel mit Mandelmus

Herbstliche Bratquitte

Eisenhaltig | 2 Personen | 10–15 Min. | Herbst

2 große, schöne Apfel- oder Birnenquitten
2 TL gehackte Mandeln

• • •

Die Quitten waschen und in eine feuerfeste Schale geben. Den Boden der Schale mit 3 bis 4 Esslöffel Wasser füllen. — Die Quitten im Backofen bei 180 °C so lange erhitzen, bis ihre Schale anfängt, braun zu werden. Mit den gehackten Mandeln bestreut servieren.

TIPP Quitten gibt es nur eine kurze Zeit im Jahr – von Ende Oktober bis Dezember. Die Quitte schmeckt etwas herb und ist vor allem für die Menschen geeignet, die den Geschmack süß nicht so gerne mögen. Quitten sind sehr eisenhaltig – ihr Eisen ist vom Körper gut aufnehmbar und führt nicht zur Verstopfung wie dies bei Eisenkapseln der Fall ist.

Vanillebananen mit Mandeln

Kalziumreich | 2 Personen
10–15 Min. | Winter/Frühling

3 sehr reife Bananen
1 TL Agavendicksaft
2 TL Mandelsplitter
1 Msp. Bourbonvanillepulver

• • •

Die Bananen schälen und der Länge nach halbieren. — Eine Pfanne erhitzen, die Bananenhälften hineinlegen und den Agavendicksaft darüberträufeln. — Die Bananen kurz andünsten, wenden und die Mandeln zugeben. Die Bananen auf 2 Teller verteilen und das Vanillepulver darüber verteilen.

TIPP Die gedünsteten Bananen sind so lecker, sie eignen sich auch prima als Dessert.

MITTAGS-SALATE

SALATDRESSINGS

Basisches **Grunddressing**

Besonders basisch | 2 Personen | 3 Min. | Für jede Saison

4 EL kalt gepresstes Sonnenblumenöl
Saft von 1 kleinen Zitrone
etwas Kräutersalz
etwas frisch gemahlener schwarzer Pfeffer

• • •

Alle Zutaten miteinander vermischen und über den Salat geben.

VARIANTE Verfeinern Sie das Dressing mit klein gehackten frischen Kräuter der Saison, Frühlingszwiebeln, Sesamsalz (Gomasio) oder Ölsaatenmischungen. Auch etwas Agavendicksaft bereichert das Dressing. Himalayasalz, Ölsaatenmischung und Sesamsalz gibt es in Reformhäusern und Bioläden.

TIPP Bitte beachten: Essig und Senf wirken sauer und werden während der basischen Fastenwoche nicht verwendet.

Karotten-Dressing

Mineralstoffreich | 2 Personen
5 Min. | Für jede Saison

2 EL kalt gepresstes Sonnenblumenöl
½ Zitrone, Saft
1 Prise Salz
1 Prise Kräutersalz oder Gomasio
1 Prise gemahlener schwarzer Pfeffer
1 EL Karottensaft
1 Karotte

• • •

Öl, Zitronensaft, Gewürze und Karottensaft verrühren. — Karotte waschen, schälen, fein raspeln und unter die Salatsauce mischen.

Wildkräuter-Dressing

Vitalstoffreich | 2 Personen
7 Min. | Frühling/Sommer

1 Handvoll Wildkräuter
1 Frühlingszwiebel
4 EL Sesamöl
Saft von 1 kleinen Zitrone
1 Prise Sesamsalz

• • •

Wildkräuter waschen und klein hacken. Die Frühlingszwiebel waschen, putzen und in Ringe schneiden. — Aus den Zutaten das Dressing zubereiten und mit den Zwiebeln und Wildkräutern vermischen.

TIPP Die basische Fastenwoche ist komplett vegan. Tierische Produkte wie Sahne oder Joghurt sind daher nicht für die Salatsauce geeignet.

Sonnenblumenkern-**Dressing**

Magnesiumreich | 2 Personen
5 Min. | Für jede Saison

1 kleine Zwiebel
4 EL Sonnenblumenöl
Saft von 1 kleinen Zitrone
1–2 Prisen Kräutersalz
1 Prise Kokosblütenzucker
frisch gemahlener bunter Pfeffer
2 EL Sonnenblumenkerne
1 Schälchen frische Kresse

• • •

Die Zwiebel klein schneiden, alle Zutaten mischen und gut verrühren. — Die Kresse erst dazugeben, wenn der Salat angerichtet wird.

Kohlrabi-Dressing

Vitalstoffreich | 2 Personen
7 Min. | Sommer/Herbst

1 kleiner Kohlrabi
etwas Schnittlauch
4 EL kalt gepresstes Distelöl
Saft von 1 kleinen Zitrone
frisch gemahlener weißer Pfeffer
etwas Sesamsalz
1 Prise Kokosblütenzucker

• • •

Kohlrabi waschen, schälen und fein raspeln. Den Schnittlauch waschen, klein schneiden und mit den Kohlrabiraspeln vermengen. — Die übrigen Zutaten mischen und die Kohlrabi-Schnittlauch-Mischung dazugeben.

Tomaten-Dressing

Vitamin-C-reich | 2 Personen
7 Min. | Sommer

2 saftige Fleischtomaten oder 4 reife Eiertomaten
1 kleine Zwiebel
1 Handvoll Basilikumblätter
4 EL Olivenöl
Saft von 1 kleinen Zitrone
etwas frisch gemahlener Kubebenpfeffer (besonders aromatisch)
etwas Meersalz

• • •

Die Tomaten waschen und in sehr kleine Würfel schneiden, die Zwiebel schälen und ebenfalls würfeln. — Die Hälfte der Basilikumblätter klein hacken und mit Olivenöl, Zitronensaft, Pfeffer und Salz zu einem Dressing verarbeiten. Die Tomaten untermischen und die restlichen Basilikumblätter dazugeben.

DAS PASST DAZU Dieses sommerliche Dressing schmeckt gut zu allen grünen Salaten, besonders zu Rukolasalat.

Petersilien-Dressing

Vitamin-C-reich | 2 Personen
7 Min. | Für jede Saison

1 kleines Bund Glattpetersilie
1 kleine Schalotte
4 EL Sonnenblumenöl
Saft von 1 kleinen Zitrone
1 Prise Kräutersalz
1 Prise frisch gemahlener schwarzer Pfeffer

• • •

Die Petersilie waschen, abtropfen lassen und mit dem Wiegemesser sehr fein hacken. — Die Schalotte schälen und in kleine Würfelchen schneiden. Alle Zutaten zusammengeben und vermischen.

MITTAGS-SALATE

BLATTSALATE

Feldsalat mit Pflaumen und Walnüssen

Mineralstoffreich | 2 Personen | 10 Min. | Herbst

250 g Feldsalat
6 reife Pflaumen
4 EL Walnussöl
Saft von 1 Mandarine
1 EL Sesamsalz
frisch gemahlener Kubebenpfeffer oder schwarzer Pfeffer
8 frische Walnusshälften

• • •

Den Feldsalat gut waschen, bis kein Sand mehr an den feinen Würzelchen ist, und ihn gut abtropfen lassen. — Die Pflaumen waschen, entkernen und in kleine Schnitze schneiden. — Aus dem Walnussöl, dem Mandarinensaft und den Gewürzen das Dressing zubereiten und unter den Feldsalat mischen. — Die Walnüsse in kleine Stückchen brechen und mit den Pflaumen unter den Salat mischen.

Bataviasalat mit **Rotkohlsprossen**

Vitalstoffreich | **2 Personen**
10 Min. | Für jede Saison

1 Kopf Bataviasalat
Zutaten für das Petersilien-Dressing (Seite 73)
1 Handvoll Rotkohlsprossen
wahlweise Rettich- oder Rote-Bete-Sprossen

• • •

Den Bataviasalat waschen, klein zupfen und abtropfen lassen. — Das Petersilien-Dressing zubereiten und mit den Bataviablättern vermischen. — Die Rotkohlsprossen locker über den Salat verteilen.

Eisbergsalat mit **Kichererbsen-**sprossen

Basenreich | **2 Personen**
10 Min. | Für jede Saison

1 kleiner Eisbergsalat
1 Karotte
1 kleine Zwiebel
Zutaten für das Sonnenblumenkern-Dressing (Seite 72)
2 EL Kichererbsensprossen

• • •

Den Eisbergsalat putzen, die Blätter klein zupfen und waschen. — Die Karotte unter fließendem Wasser mit der Gemüsebürste säubern und fein raspeln. — Die Zwiebel schälen, klein schneiden und mit dem Sonnenblumenkern-Dressing vermischen. — Die Kichererbsensprossen über den Salat verteilen.

VARIANTE Anstelle der Kichererbsensprossen können Sie auch andere Sprossen verwenden – beispielsweise Rotkohlsprossen, Sonnenblumenkernsprossen oder Kresse.

Chicoréesalat mit **Aprikosen**

Ballaststoffreich | **2 Personen**
10 Min. | Für jede Saison

1 großer Chicorée
3 getrocknete, ungeschwefelte Aprikosen
Zutaten für das Karotten-Dressing (Seite 72)
1 EL gehackte Mandeln

• • •

Den Chicorée waschen, den Strunk entfernen und etwa ⅔ der Chicoréeblätter in kleine Streifen schneiden. — Die Aprikosen in kleine Scheiben schneiden, unter die Chicoréeblätter geben und mit dem Karotten-Dressing vermischen. Die Mandeln über den Salat verteilen. — Die restlichen Chicoréeblätter als Deko auf die Teller legen.

TIPP Verwenden Sie anstelle der getrockneten Aprikosen ruhig mal frische Feigen. Das geht natürlich nur, wenn Sie im Hochsommer oder Herbst an wirklich reife Feigen kommen. Vielleicht haben Sie welche im Garten oder das Glück, zu dieser Zeit in einem südlichen Land zu sein.

Feldsalat mit frischen **Champignons**

Eiweißreich | **2 Personen**
10 Min. | Winter/Frühling

250 g Feldsalat
1 kleine rote Zwiebel
Zutaten für das Sonnenblumenkern-Dressing (Seite 72)
6 kleinere, schöne Champignons
etwas Schnittlauch
1 EL Haferkeimlinge

• • •

Den Feldsalat gut waschen, bis kein Sand mehr an den feinen Würzelchen ist, und ihn gut abtropfen lassen. — Die Zwiebel schälen und in sehr feine Würfelchen schneiden. Das Dressing zubereiten und mit den Zwiebeln mischen. Das Dressing unter den Salat mischen. — Die Champignons mit Küchenkrepp trocken säubern und in dünne Scheiben schneiden. — Schnittlauch waschen, klein schneiden und mit den Champignonscheiben und den Haferkeimlingen über den Salat verteilen.

TIPP Wenn Sie den Salat mit ins Büro nehmen wollen, schneiden Sie die Champignons erst dort in dünne Scheiben.

Eichblattsalat mit sautierten **Limonenseitlingen**

Eiweißreich | **2 Personen**
15 Min. | Winter/Frühling

1 kleiner Kopf Eichblattsalat
1 Handvoll Limonenseitlinge (wahlweise Kräuter- oder Rosenseitlinge)
2 EL Sonnenblumenöl
1 EL Glattpetersilie
etwas Kräutersalz
etwas frisch gemahlener Kubebenpfeffer oder schwarzer Pfeffer
Zutaten für das Petersilien-Dressing (Seite 73)
1 EL Hanfsamen

• • •

Salatblätter klein zupfen, waschen und abtropfen lassen. — Die Limonenseitlinge mit einem feuchten Tuch abreiben und bei Bedarf klein schneiden. Im erhitzten Sonnenblumenöl wenige Min. andünsten — Glattpetersilie schneiden, dazugeben, mit etwas Kräutersalz und Kubebenpfeffer würzen und abkühlen lassen. — Das Petersiliendressing zubereiten, Hanfsamen dazugeben und unter die Salatblätter mischen. — Die Seitlinge locker über den Salat verteilen.

Winterlicher Endiviensalat **mit** Karotten **und Kresse**

Kalziumreich | **2 Personen**
10 Min. | Winter/Frühling

1 kleiner Kopf Endiviensalat
1 Karotte
1 EL Sultaninen
Zutaten für das Karotten-Dressing (Seite 72)
1 Schälchen Kresse

• • •

Den Endiviensalat waschen und die Blätter klein zupfen. Wenn er Ihnen zu bitter ist, können Sie ihn auch in sehr feine Streifen schneiden. — Die Karotte mit der Gemüsebürste unter fließendem Wasser bürsten und klein raspeln. — Den Endiviensalat mit den Karotten und den Sultaninen vermischen. — Das Dressing zubereiten, unter den Salat mischen und die Kresse darüber verteilen.

Endiviensalat mit Urkarotten

Vitalstoffreich | **2 Personen**
10 Min. | **Sommer/Herbst**

1 kleiner Kopf Endiviensalat
1 Urkarotte (Betakarotte)
1 Handvoll Kichererbsensprossen oder andere Sprossen
Zutaten für das Kohlrabi-Dressing (Seite 73)

• • •

Den Endiviensalat waschen und die Blätter klein zupfen. Wenn er Ihnen zu bitter ist, können Sie ihn auch in sehr feine Streifen schneiden. — Die Urkarotte gründlich waschen und klein raspeln. — Den Endiviensalat mit den Urkarotten und den Kichererbsensprossen vermischen. — Das Dressing zubereiten und unter den Salat mischen.

VARIANTE Probieren Sie dazu auch mal Sonnenblumenkeimlinge oder Keimlinge aus Champagner- oder Belugalinsen. Wenn Sie keine Zeit zum Keimen haben, können Sie jederzeit auch Gartenkresse, die es in nahezu jedem Supermarkt gibt, verwenden.

Frischer Pflücksalat **mit Wildkräuter**-Dressing

Vitalstoffreich | 2 Personen
10 Min. | Frühling/Sommer

2 Portionen Pflücksalat
Zutaten für das Wildkräuter-Dressing (Seite 72)
1 EL Ölsaatenmischung
3 EL frische Sonnenblumenkeimlinge oder andere Keimlinge

• • •

Den Pflücksalat waschen und abtropfen lassen. — Das Wildkräuter-Dressing zubereiten und mit dem Pflücksalat, den Ölsaaten und den Sonnenblumenkeimlinge vermischen.

Rukolasalat mit frischen **Steinpilzen**

Eiweißreich | 2 Personen
12 Min. | Sommer/Herbst

200 g Rukola
1 Handvoll frische Kirschtomaten
10–15 Basilikumblätter
4 EL kalt gepresstes Olivenöl
Saft von 1 kleinen Zitrone
etwas Meersalz
etwas weißer Pfeffer
2 mittelgroße frische Steinpilze (oder 1 Handvoll Champignons oder Kräuterseitlinge)
2 EL Olivenöl
Kräutersalz
schwarzer Pfeffer

• • •

Die Rukolablätter waschen und abtropfen lassen. — Die Tomaten waschen, halbieren und dazugeben. — Für das Dressing die Basilikumblätter sehr fein hacken und mit Olivenöl, Zitronensaft, Meersalz und weißem Pfeffer verrühren. — Dressing mit dem Salat vermischen. — Die Pilze säubern, in Scheibchen schneiden und im Olivenöl garen. Mit etwas Kräutersalz und schwarzem Pfeffer würzen und noch warm über den Salat geben.

Rukolasalat mit gedünsteten **Samtfußrüpli**

Eiweißreich | 2 Personen | 15 Min. | Sommer

200 Rukola
150 g Samtfußrüpli (wahlweise Pfifferlinge oder Steinpilze)
1 Schalotte
etwas Glattpetersilie
2–3 EL Rote-Bete-Sprossen oder andere Sprossen
2 EL Sonnenblumenöl
Zutaten für das basische Grunddressing (Seite 70)

• • •

Die Rukolablätter waschen und abtropfen lassen. — Die Samtfußrüpli mit einem Tuch abtupfen und, falls nötig, etwas kleiner schneiden. — Die Schalotte schälen und klein hacken. Petersilie fein schneiden. — Die Samtfußrüpli und die Schalotte im Sonnenblumenöl andünsten. Das Dressing zubereiten, alle Zutaten mischen und die Pilze darüber verteilen.

MITTAGS-SALATE

ROHKOST

Rote-Bete-Salat mit Chicorée und Walnüssen

Eisenhaltig | 2 Personen | 15 Min. | Herbst

1 mittelgroße Rote Bete (etwa 200 g)
1 Chicorée
4 EL Walnussöl
Saft von 1 kleinen Zitrone
frisch gemahlener Kubebenpfeffer oder schwarzer Pfeffer
1 EL Sesamsalz
8 frische Walnusshälften

• • •

Die Rote Bete waschen, schälen (am besten mit Handschuhen) und fein raspeln. — Den Chicorée waschen, den Strunk entfernen und in kleine Streifen schneiden, dabei 3 bis 5 Blätter ungeschnitten zur Seite legen. — Das Walnussöl, den Saft der Zitrone, den Pfeffer und das Sesamsalz zu einem Dressing mischen und mit den geschnittenen Chicoréeblättern unter die Rote Bete mischen. Die Walnüsse in kleine Stückchen brechen und unter den Salat mischen. — Die ganz gelassenen Chicoréeblätter locker in den Rote-Bete-Salat stecken.

Carpaccio von frischen **Egerlingen**

Eiweißreich | **2 Personen**
20 Min. | **Für jede Saison**

150 g schöne große Egerlinge
2 reife Tomaten
einige Blättchen frisches Basilikum
1 TL Olivenöl
1 EL frisch gepresster Zitronensaft
schwarzer Pfeffer aus der Mühle

• • •

Die Egerlinge putzen und in hauchdünne Scheiben schneiden. — Die Tomaten waschen und sehr fein würfeln. — Die Pilzscheiben auf 2 großen Tellern dekorativ auslegen und die Tomatenwürfel mit den Basilikumblättern darüber verteilen. — Aus dem Olivenöl, dem Zitronensaft und dem Pfeffer eine Marinade zubereiten und über die Egerlinge geben.

Spinatsalat mit frischen **Steinchampignons**

Eisenhaltig | **2 Personen**
10 Min. | **Für jede Saison**

5 Handvoll junge (kleine) Spinatblätter
10–12 frische Steinchampignons
1 Schalotte
Zutaten für das Karotten-Dressing (Seite 72)
1 EL frische Kresse
1 EL Belugalinsen-Keimlinge

• • •

Die Spinatblätter waschen, falls nötig, die Stiele etwas abschneiden. — Die Steinchampignons putzen und in hauchdünne Scheiben schneiden — am besten mit einem Trüffelhobel. — Die Schalotte sehr fein hacken, das Karotten-Dressing zubereiten und unter die Spinatblätter mischen. — Die Kresse, die Linsenkeimlinge und die Steinchampignons locker darüber verteilen.

VARIANTE Wenn Sie heute besonders hungrig sind, können Sie den Spinatsalat noch mit Karottenspaghetti erweitern. Einfach 1 große gerade Karotte durch die Gemüsespaghettimaschine (Lurch Spirali, im Wacker Shop erhältlich) drehen und die Karottenspaghetti unter den Spinatsalat mischen.

Karottensalat mit **Pastinaken und** Kresse

Vitaminreich | **2 Personen**
15 Min. | **Für jede Saison**

1 große Pastinake
1 große Karotte
1 Zwiebel
Zutaten für das Petersilien-Dressing (Seite 73)
1 Schälchen grüne Gartenkresse

• • •

Die Pastinake und die Karotte schälen, waschen und fein raspeln. — Die Zwiebel klein hacken, das Dressing zubereiten und unter die Pastinake und die Karotte mischen. — Die Kresse dekorativ auf dem Salat verteilen.

TIPP Dieser Salat kann auch in größerer Menge für einige Tage auf Vorrat hergestellt werden und eignet sich gut als Beilage für einen grünen Salat.

Gurkensalat mit Dill und Borretsch

Vitalstoffreich | 2 Personen
10 Min. | Sommer

1 Salatgurke
1 kleine Zwiebel
½ Bund Dill
einige Blätter Borretsch
4 EL Distelöl
Saft von 1 kleinen Zitrone
1 Prise Kokosblütenzucker
frisch gemahlener weißer Pfeffer
1 TL Sesamsalz

• • •

Die Gurke mit der Gemüsebürste abbürsten, waschen und mit dem Gemüsehobel in feine Scheiben hobeln. — Die Zwiebel schälen und hacken. Dill und Borretsch fein schneiden. — Aus dem Distelöl, dem Zitronensaft, dem Kokosblütenzucker und den Gewürzen ein Dressing zubereiten und den fein gehackten Dill und Borretsch dazugeben. — Die Gurken mit dem Dressing vermischen und bei Bedarf portionsweise zum Mitnehmen abfüllen.

Avocadosalat mit Portulak

Eiweißreich | 2 Personen | 10 Min. | Sommer

2 reife weiche, große Avocados
1 Handvoll Portulak (Postelein)
1 gute Handvoll Steinchampignons
3 sehr reife Strauchtomaten
1 Handvoll rote Basilikumblätter
einige Blättchen Zitronenthymian
Zutaten für das Tomaten-Dressing (Seite 73)

• • •

Die Avocados vorsichtig von Schale und Kern befreien und das Fruchtfleisch in dünne Scheiben schneiden. — Die Portulakblättchen waschen und abtropfen lassen. Die Steinchampignons, falls nötig, säubern und in dünne Scheiben schneiden. — Die Strauchtomaten waschen und in sehr kleine Würfelchen schneiden. — Avocado, den Portulak, die Steinchampignons und die Tomatenwürfel zusammen anrichten oder zum Mitnehmen in eine verschließbare Schale geben. Basilikum und Zitronenthymian darüber verteilen. — Das Tomaten-Dressing zubereiten und löffelweise über die Salatzutaten verteilen oder zum Mitnehmen in ein Schraubglas füllen.

Salat von weißem Rettich

Vitamin-C-reich | 2 Personen
15 Min. | Für jede Saison

1 großer weißer Rettich
1 kleine Zwiebel
Zutaten für das Petersilien-Dressing (Seite 73)
1 EL Sesam
etwas gehackte Petersilie

• • •

Den Rettich schälen und klein raspeln. — Die Zwiebel schälen und klein hacken. — Das Dressing und den Sesam mit der Petersilie unter den Rettich mischen.

Salat aus Blumenkohl-Couscous

Basenreich | 2 Personen | 25 Min. | Sommer/Herbst

1 kleiner Blumenkohl
2 EL Olivenöl
1 TL gemahlener Kreuzkümmel
200 ml Gemüsebrühe
1 Bund Glattpetersilie
3 Frühlingszwiebeln
12 Cocktailtomaten
3 EL Olivenöl
Saft von 2 Zitronen
etwas Meersalz
etwas frisch gemahlener schwarzer Pfeffer

• • •

Den Blumenkohl waschen, die Röschen klein schneiden und in den Mixer geben und zerkleinern bis eine körnige Masse entsteht. — Den zerkleinerten Blumenkohl in einer Pfanne kurz mit Öl und dem gemahlenen Kreuzkümmel anbraten, Gemüsebrühe dazugeben und so lange weiter dünsten, bis der Blumenkohl-Couscous gar ist. Das Ganze abkühlen lassen. — Die Glattpetersilie waschen, abtropfen lassen und sehr fein hacken. — Die Frühlingszwiebeln klein schneiden. — Die Tomaten waschen und vierteln. — Das Dressing aus Olivenöl, Zitronensaft, den Frühlingszwiebeln und der Glattpetersilie herstellen und zum Blumenkohl-Couscous geben. — Die geviertelten Cocktailtomaten zum Salat geben. Mit Pfeffer und Salz würzen. Den Salat für einige Zeit im Kühlschrank ziehen lassen, eventuell vor dem Servieren noch etwas Zitronensaft hinzugeben.

Sommerlicher Kartoffelsalat mit schwarzen Oliven

Ballaststoffreich | 2 Personen | 25 Min. | Sommer

8 mittelgroße festkochende Kartoffeln
1 Handvoll reife Cocktailtomaten
1½ Handvoll Basilikumblätter
4 EL kalt gepresstes Olivenöl
Saft von 1 kleinen Zitrone
etwas Meersalz
etwas frisch gemahlener weißer Pfeffer
1 frisch geriebene Prise Muskat
1 mittelgroße rote Zwiebel
1 Handvoll ungefärbte schwarze Oliven

• • •

Die Kartoffeln mit der Schale im Gemüsedämpfer garen, abkühlen lassen, schälen und in Scheiben schneiden. — Die Cocktailtomaten waschen, halbieren und zu den Kartoffelscheiben geben. — Die Basilikumblätter waschen und abtropfen lassen. 10–15 für das Dressing sehr fein hacken und mit Olivenöl, Zitronensaft, Meersalz und weißem Pfeffer verrühren. — Restliche Basilikumblätter klein zupfen, zu den Kartoffelscheiben geben und mit Muskat würzen. — Die Zwiebel schälen, klein hacken und unter das Dressing mischen. — Das Dressing und die Oliven unter die Kartoffelmischung geben und servieren.

VARIANTE Bereichern Sie diesen Salat auch mal mit geraspelten Zucchini. Verwenden Sie dazu 1 mittelgroße Zucchini: waschen und auf der Gemüsereibe klein raspeln. Geben Sie die Zucchiniraspel unter den fertigen Kartoffelsalat. Wenn Sie den Salat abends essen wollen, dünsten Sie die Zucchiniraspel in 2 EL Olivenöl wenige Minuten an.

Salat aus Blumenkohl-Couscous >

Carpaccio von Kohlrabi mit Gemüsedressing

Vitalstoffreich | 2 Personen
ca. 20 Min. | Sommer

1 Karotte
1 Lauchzwiebel
1 Stange Staudensellerie
3 EL Sonnenblumenöl
Saft von ½ Zitrone oder Mandarine
Kräutersalz
weißer Pfeffer
3 EL frische Sprossen (Radieschen- und Brokkolisprossen)
je 1 weißer und roter Kohlrabi

• • •

Die Karotte, die Lauchzwiebel und den Sellerie schälen und klein hacken. — Aus Sonnenblumenöl, Zitronen- oder Mandarinensaft, Kräutersalz, Pfeffer und Sprossen ein Dressing bereiten und das klein gehackte Gemüse daruntermischen. — Die Kohlrabi schälen und in hauchdünne Scheiben schneiden. Kreisförmig auf 2 großen Tellern auslegen und das Dressing darübergeben.

TIPP Die Zutaten des Carpaccios haben auch im Herbst und Winter Saison.

Carpaccio von Zucchini mit Zitronenthymian

Kaliumreich | 2 Personen
10–15 Min. | Sommer

2 kleine feste Zucchini
2 EL Olivenöl
2 EL Zitronensaft
1 TL Agavendicksaft
Meersalz
weißer Pfeffer
1 Handvoll Zitronenthymian
3–4 Blüten der Saison (Kapuzinerkresseblüten oder Zucchiniblüten)

• • •

Zucchini waschen und mit einem Gemüse- oder Trüffelhobel in sehr dünne Scheiben hobeln. — Diese auf einem großen Teller fächerförmig auslegen. — Aus Öl, Zitronensaft, Agavendicksaft, Gewürzen und Zitronenthymian eine Marinade herstellen und mit einem Löffel gleichmäßig über die Zucchinischeiben verteilen. Mit den Blüten verzieren.

WISSEN Essbare Blüten
Viele Blüten sind essbar und schmecken auch oft recht würzig, so wie die Blüten von Kapuzinerkresse, Veilchen, wilden Stiefmütterchen, Zucchini, Ringelblume, Rosen, Holunder. Aber es gibt auch ungenießbare, ja giftige Blüten. Erkundigen Sie sich genau, bevor Sie Experimente machen.

Carpaccio von Navets-Rübchen

Vitamin-B-reich | 2 Personen
wenige Min. | Sommer

3 Navets-Rübchen
Zutaten für das Karotten-Dressing (Seite 72)
grüne oder rote Gartenkresse

• • •

Die Navets-Rübchen schälen, waschen und mit einem feinen Gemüsehobel oder einem Trüffelhobel sehr fein hobeln. — Das Karotten-Dressing zubereiten, die Navets-Rübchen kreisförmig auf einer Platte auslegen und das Dressing mit einem Löffel darüber verteilen. Die Kresse darüberstreuen.

TIPP Die Zutaten des Carpaccios haben auch im Herbst und Winter Saison.

Salat von Bleichsellerie mit frischen Kräutern

Vitalstoffreich | **2 Personen**
10 Min. | **Herbst**

1 Staude Bleichsellerie
1 mittelgroße Karotte
1 Frühlingszwiebel
1 Handvoll frische Kräuter (Selleriegrün, Bibernell, Schnittlauch)
Zutaten für das Petersilien-Dressing (Seite 73)
1 EL Hanfsamen

• • •

Den Bleichsellerie waschen, den Strunk abschneiden und die verholzten äußeren Anteile entfernen. Sellerie in kleine Scheiben schneiden. — Die Karotte unter fließendem Wasser mit der Gemüsebürste abbürsten und in sehr feine Scheiben schneiden. — Die Frühlingszwiebel schälen und in feine Ringe schneiden. — Die Kräuter waschen, abtropfen lassen und mit dem Wiegemesser zerkleinern. Das Petersilien-Dressing zubereiten und mit den restlichen Zutaten vermischen.

Frühlingssalat mit Mandel-Kräuter-Dressing

Magnesiumreich | **2 Personen**
15 Min. | **Frühling**

1 Baby-Leaf-Salat-Mischung
1 kleine Kohlrabi
5 Radieschen
1 Frühlingszwiebel
100 ml Mandelmilch
50 ml kalt gepresstes Olivenöl
Saft von 1 kleinen Zitrone
1 Dattel
einige Stängel frischen Schnittlauch
einige Stängel frische Glattpetersilie
etwas Meersalz
etwas frisch gemahlenen schwarzen Pfeffer

• • •

Den Baby-Leaf-Salat waschen und abtropfen lassen. — Den Kohlrabi schälen und in dünne Stifte schneiden. — Die Radieschen waschen und in Scheiben schneiden. — Die Frühlingszwiebel waschen und in Scheiben schneiden. — Die Mandelmilch zusammen mit dem Olivenöl, dem Zitronensaft, der Dattel, den Kräutern und den Gewürzen in einen Mixer geben und verrühren. — Den Salat mit Radieschenscheiben, Kohlrabistiften, Frühlingszwiebel und dem Dressing auf einem Teller anrichten und genießen.

Brunnenkressesalat mit Radieschen

Besonders basisch | **2 Personen**
10 Min. | **Winter/Frühling**

3–4 Handvoll frische Brunnenkresse vom Markt (alternativ frische Gartenkresse)
1 mittelgroße Karotte
5–6 Radieschen
1 Frühlingszwiebel
Zutaten für das Wildkräuter-Dressing (Seite 72)

• • •

Die Brunnenkresse waschen und abtropfen lassen. — Die Karotte mit der Gemüsebürste unter fließendem Wasser bürsten und klein raspeln. — Die Radieschen waschen, die Blätter abschneiden und die Radieschen in dünne Scheiben schneiden. — Die Frühlingszwiebel schälen und klein schneiden. Das Wildkräuter-Dressing zubereiten, mit den Zwiebeln vermischen und mit den Karotten und den Radieschen unter die Kresse mischen.

MITTAGS-SALATE

MAL WAS ANDERES

Herbstlicher Salat mit Kapuzinerkresseblüten

Vitamin-C-reich | 2 Personen | 10 Min. | Herbst

2 Portionen Blattsalat
Zutaten für das Kohlrabi-Dressing (Seite 73)
1 Handvoll Kapuzinerkresseblüten

• • •

Den Blattsalat waschen und abtropfen lassen. Das Kohlrabi-Dressing zubereiten und unter den Salat mischen. — Zuletzt die Kapuzinerkresseblüten vorsichtig auf den Salat legen.

TIPP Wenn Sie Kapuzinerkresse im Garten oder auf dem Balkon haben, können Sie auch einige Blätter dazunehmen und in dünne Streifen schneiden. Kapuzinerkresse enthält sehr viel Vitamin C und Kalzium. Außerdem enthält sie Senföle, die eine bakterien- und pilzwachstumshemmende Wirkung haben.

VARIANTE Alternativ können Sie frische Keimlinge wie Brokkolikeimlinge verwenden.

Meeresalgensalat mit Lotuswurzeln

Proteinreich | **2 Personen** | **15 Min.** | **Für jede Saison**

1 Handvoll getrocknete Lotuswurzeln
15 g Wakame-Algen instant
1 EL geröstetes Sesamöl
1 TL Sesam
2 Msp. Ingwerpulver (oder etwas geriebenen frischen Ingwer)

• • •

Die Lotuswurzeln 2 Stunden in so viel Wasser einweichen, dass die Wurzeln bedeckt sind. Anschließend die Lotuswurzeln einige Min. lang dünsten. — Wakame-Algen in ein Glasgefäß mit warmem Wasser geben — nur so viel Wasser, dass es gerade von den Algen aufgesogen wird. — Die Algen mit dem Sesamöl vermischen, Sesam, Ingwer und die Lotuswurzeln dazugeben.

TIPP Dieser Salat ist ein basischer Hochgenuss für alle Asienfans. Er eignet sich aufgrund seines hohen Jodgehalts nur als Beilage – beispielsweise zu Sojasprossensalat. Bei Störungen der Schilddrüsenfunktion sollten Sie nur kleinste Mengen von diesem Salat essen. Die Deutsche Gesellschaft für Ernährung empfiehlt, pro Tag nicht mehr als ½ TL Algen zu verzehren.

Orchideensalat mit Stiefmütterchen und Kräutern

Vitalstoffreich | **2 Personen** | **10 Min.** | **Frühling**

3–4 Handvoll Orchideensalat
1 Handvoll Wildkräuter
2 kleine Frühlingszwiebeln
Zutaten für das Kohlrabi-Dressing (Seite 73)
10–15 Blüten von wilden Stiefmütterchen (wahlweise andere Blüten)

• • •

Die Salatblätter und die Wildkräuter waschen und abtropfen lassen. — Die Zwiebeln klein hacken, das Dressing zubereiten und die Zutaten mit dem Dressing mischen. — Die Blüten über den Salat streuen. Schmeckt herrlich aromatisch!

TIPP Orchideensalat (japanischen Salat) gibt es im Frühling und Frühsommer als Pflücksalat an einigen Marktständen, die sich auf Wildkräuter und besondere Salatsorten spezialisiert haben. Dieser gesprenkelt aussehende Salat dürfte eine Variation von Radicchio sein, ist aber gar nicht bitter.

Carpaccio von Steinpilzen mit roter Melde

Vitamin-A-reich | 2 Personen
15 Min. | Sommer/Herbst

3 schöne Steinpilzstücke
2 EL rote Melde (auch Rote-Bete-Sprossen eignen sich gut)
Zutaten für 2 EL Kohlrabi-Dressing (Seite 73)

• • •

Steinpilzstücke mit einem Tuch vorsichtig abtupfen, mit einem Trüffelhobel in sehr dünne Scheiben hobeln und auf 2 großen flachen Tellern anrichten. — Das Kohlrabi-Dressing zubereiten und mit einem Löffel über das Carpaccio träufeln. Die rote Melde locker darüberstreuen. — Probieren Sie dieses Carpaccio auch mal mit frischen Kräuterseitlingen. Verwenden Sie dazu 3 schöne große und feste Kräuterseitlinge und bereiten Sie das Carpaccio wie beschrieben zu.

Lattichsalat mit Gänseblümchen

Vitalstoffreich | 2 Personen
10 Min. | Frühling

je 100 g roter und grüner Lattich
1 kleines Bund Wildkräuter
1 Frühlingszwiebel
Zutaten für das Karotten-Dressing (Seite 72)
6–8 Gänseblümchenblüten

• • •

Die Lattichblätter und die Wildkräuter waschen, abtropfen lassen, klein zupfen und vermischen. — Die Frühlingszwiebel schälen und klein schneiden. Das Karotten-Dressing zubereiten, mit den Zwiebeln vermischen und unter die Salatblätter mischen. — Die Gänseblümchenblüten darüberstreuen.

TIPP Probieren Sie dieses Rezept auch mal mit Eistropfensalat, den man hin und wieder an gut sortierten Kräuterständen auf dem Wochenmarkt findet. Er ist sehr mineralienreich, vor allem reich an Eisen, und schmeckt herb-würzig.

Ostersalat mit Löwenzahn und Weizensprossen

Vitalstoffreich | 2 Personen
10 Min. | Frühling

3–4 Handvoll junger Löwenzahn
1 Frühlingszwiebel
Zutaten für das Karotten-Dressing (Seite 72)
3 EL Weizensprossen

• • •

Die Löwenzahnblätter waschen und abtropfen lassen. — Die Zwiebel schälen und klein schneiden. — Das Dressing zubereiten und mit den Löwenzahnblättern, der Zwiebel und den Weizensprossen vermischen.

THERMOMIX-REZEPTE

SCHNELL FERTIG

Power-Smoothie mit Kurkuma und Ingwer

Besonders basisch | 2 Personen
5 Min. | Für jede Saison

1 Apfel, alte Sorte
1 Bund Glattpetersilie mit Stiel
1 Kiwi, reif
1 Banane
1 Stück frischer Ingwer, ca. 1 cm
1 Stück frischer Kurkuma, ca. 1 cm
½ l Wasser

• • •

Apfel waschen, vierteln und das Kerngehäuse entfernen. — Das Bund Petersilie, waschen, trocken schütteln und einmal durchschneiden. — Kiwi schälen und halbieren. Banane schälen und grob zerteilen — Ingwer und Kurkuma schälen. — Alle Zutaten mit 100 ml Wasser in den Mixtopf geben und für 30 Sekunden auf St. 9 pürieren. — 400 ml Wasser durch die Deckelöffnung zulaufen lassen und alles nochmals für 1 Min. auf St. 10 samtig pürieren.

Alle Thermomix-Rezepte wurden von Claudia Kruchten entwickelt bzw. bearbeitet.

Rote-Bete-**Salat**

Vitalstoffreich | 2 Personen
8 Min. | Herbst/Winter

1 Bund glatte Petersilie
1 kleine Schalotte
2 Rote Beten, vorgegart
4 EL Sonnenblumenöl
Saft von 1 Zitrone
¼ TL Kräutersalz
2 Prisen frisch gemahlener schwarzer Pfeffer

• • •

Petersilie waschen, trocken schütteln und im Mixtopf 3 Sekunden auf St. 8 zerkleinern. Aus dem Mixtopf nehmen und beiseite stellen. — Schalotte in den ungespülten Mixtopf geben und für 5 Sekunden auf St. 5 zerkleinern. — Rote Beten vierteln und mit den restlichen Zutaten in den Mixtopf geben; für 10 Sekunden auf St. 3 zu einem Salat verarbeiten. Sofort servieren.

Rote Salatsauce **zu Chicorée-Salat**

Vitalstoffreich | 2 Personen
8 Min. | Sommer

100 ml Rapsöl
Saft von ½ Zitrone
1 rote Zwiebel, klein
1 TL Agavendicksaft
2 reife Tomaten
1 TL Gomasio
1 großer Chicorée

• • •

Alles (bis auf den Chicorée) in den Mixtopf geben und 2 Min. auf St. 8 zu einer cremigen Salatsauce verrühren. — Chicorée waschen, Strunk entfernen und ⅔ der Blätter in Streifen schneiden. Die restlichen Blätter auf Teller legen, Chicorée-Streifen darauf verteilen und mit roter Sauce servieren. Optional mit ein paar Tropfen Traubenkernöl dekorieren.

Himbeer-Sorbet

Vitamin-B-reich | 2 Personen
8 Min. | Sommer

300 g gefrorene Himbeeren
1 in grobe Stücke zerteilte, gefrorene Banane
1 TL Apfelsüße
2 TL frisch gepresster Zitronensaft

• • •

Gefrorene Himbeeren in grobe Stücke zerteilten und mit den gefrorenen Bananenstücken für 10 Sekunden auf St. 8 zerkleinern und mit dem Spatel nach unten schieben. — Apfelsüße und frisch gepressten Zitronensaft hinzufügen und mithilfe des Spatels 30 Sek auf St. 5 zu einem cremigen Sorbet verrühren.

Süppchen aus Süßkartoffeln und Stielmus

Ballaststoffreich | 4 Personen | 25 Min. | Winter

1 mittlere Zwiebel
15 ml Sonnenblumenöl
4 Blätter Stielmus
6–7 Süßkartoffeln
1 l Wasser
1 EL basische Brühe
¼ TL Sezchuan Pfeffer
1 TL Gomasio
3 Stängel Liebstöckel
etwas Kerbel
Schnittlauchröllchen zur Deko

• • •

Zwiebel halbieren, in den Mixtopf geben und 5 Sekunden auf St. 5 zerkleinern. — Öl zugeben und Zwiebeln darin für 3 Min. bei 120 °C auf St. 1 dünsten. — Stielmus zugeben, 5 Sekunden auf St. 8 zerkleinern, mit dem Spatel nach unten schieben. — Süßkartoffeln schälen und vierteln. — Die restlichen Zutaten (bis auf den Schnittlauch) in den Mixtopf geben, für 20 Min. auf St. 1 dünsten (Varoma). — Alles für 1 Min. schrittweise von St. 4–10 pürieren. — Mit Schnittlauchröllchen dekorieren und servieren.

Navetscremesuppe mit Bibernell

Vitalstoffreich | 2 Personen | 25 Min. | Herbst

1 Handvoll Bibernell oder Kerbel
1 Handvoll Glattpetersilie
1 Frühlingszwiebel
2 EL Sesamöl
400 g Navets-Rübchen
3 mittelgroße Kartoffen
½ l Wasser
1 TL basische Gemüsebrühe
schwarzer Pfeffer
etwas Piment

• • •

Kräuter in den Mixtopf geben, für 5 Sekunden auf St.8 zerkleinern und umfüllen. — Frühlingszwiebel halbieren in den Mixtopf geben, 5 Sekunden auf St. 5 zerkleinern. Mit dem Spatel nach unten schieben. — Sesamöl zugeben und die Zwiebeln darin für 2 Min. bei 120 °C auf St. 1 dünsten. — Navets-Rübchen waschen und in grobe Stücke schneiden. Kartoffeln schälen und in grobe Stücke schneiden. Beides zugeben und 10 Sekunde auf St.4 zerkleinern. — Wasser, Gemüsebrühe und Gewürze zugeben und Gemüse für 20 Min. bei 100 °C auf St. 1 garen. — ⅔ der Kräuter hinzufügen und für 30 Sekunden von St. 4 auf 10 ansteigend pürieren. — Suppe mit den restlichen Kräutern dekorieren und servieren.

SUPPEN

FÜR MITTAGS UND ABENDS

Kürbis-Curry-Suppe mit karamellisierten Croûtons

Mineralstoffreich | 4 Personen | 35 Min. | Herbst

1 kleiner Hokkaido-Kürbis
2 säuerliche Äpfel, z. B. Boskop
3 cm frischer Ingwer
1 Zwiebel
3 EL Olivenöl
1 l Gemüsebrühe
2 EL Currypulver
Meersalz
frisch gemahlener schwarzer Pfeffer
2 EL Kürbiskerne
1 EL Agavendicksaft

• • •

Kürbis halbieren, entkernen und grob würfeln schneiden. Ein Stück beiseite legen. — Äpfel schälen, vierteln und entkernen und grob würfeln. Ingwer und Zwiebel schälen und klein schneiden. — Alles zusammen in einem Topf mit Öl kurz andünsten, mit Gemüsebrühe auffüllen und für 15 Min. köcheln lassen. Gemüse pürieren und mit den Gewürzen abschmecken. — Restliches Kürbisstück in ganz kleine Würfel schneiden und zusammen mit den Kürbiskernen und dem Agavendicksaft in einer Pfanne karamellisieren. — Suppe mit den karamellisierten Croûtons anrichten und genießen.

Mein basischer **Suppentag**

Morgens: **Kurkuma-Mandel-Suppe**

Vitalstoffreich | 2 Personen
10 Min. | Für jede Saison

350 ml Mandelmilch
1 EL Kurkuma
1 TL Agavendicksaft
1 Prise Muskatnuss
1 Prise gemahlener Kardamom
1 Prise Zimt
1 cm frisch geriebene Ingwerwurzel
1 TL Kokosöl

• • •

Mandelmilch in einen Topf erhitzen und Kurkuma mit einem Schneebesen in die Mandelmilch einrühren. — Mit den Gewürzen und dem Agavendicksaft abschmecken. Kokosöl hinzugeben, verrühren und kurz köcheln lassen. — Die Suppe in Teller füllen und genießen.

Mittags:
Kartoffelcremesuppe mit Kresse

Ballaststoffreich | 2 Personen | 20 Min. | Für jede Saison

8 große Kartoffeln
1 Zwiebel
2 EL kalt gepresstes Sonnenblumenöl
1 EL Sesamsalz
1 Prise Muskat
frisch gemahlener weißer Pfeffer
1 l Gemüsebrühe
½ Schälchen Kresse zum Verzieren

• • •

Die Kartoffeln waschen, schälen und vierteln. — Die Zwiebel schälen und sehr klein schneiden. Das Sonnenblumenöl erhitzen, die Zwiebeln darin glasig dünsten und die Gewürze dazugeben. — Die Kartoffeln und die Gemüsebrühe hinzufügen und bei mittlerer Hitze garen und anschließend mit dem Zauberstab pürieren. Die Kresse über die fertige Suppe geben.

Abends:
Gemüsebrühe

Besonders basisch | 4 Personen
20 Min. | Für jede Saison

1 Bund Suppengemüse
1 große Petersilienwurzel
1 große Karotte
1 Butterrübchen
1 Zwiebel
2 l Wasser
3 frische Liebstöckelblätter
1 Lorbeerblatt
1 Prise Muskat
1 Prise Meersalz
1 Bund gemischte Kräuter

• • •

Das Suppengemüse, die Petersilienwurzel, die Karotte und das Butterrübchen putzen, waschen und in kleine Würfel schneiden. — Die Zwiebel schälen und klein schneiden. Das Wasser mit dem Gemüse und der Zwiebel in einen Topf geben, aufkochen und bei mittlerer Hitze ca. 15 Min. köcheln lassen. — Die Gewürze und das Salz dazugeben und abschmecken. Die Kräuter waschen, klein hacken und darüberstreuen.

Austernpilzcreme-suppe **mit Zucchini**

Eiweißreich | **2 Personen** | **20 Min.** | **Herbst**

1 mittelgroße Zucchini
6 mittelgroße Kartoffeln
400 g Austernpilze
1 Schalotte
2 EL Sonnenblumenöl
1 l Gemüsebrühe
etwas weißer Pfeffer
Kräutersalz
gemahlener Ingwer
Muskat
etwas Glattpetersilie

• • •

Die Zucchini waschen, den Strunk entfernen und in größere Stücke schneiden. — Die Kartoffeln waschen, schälen und in dicke Scheiben schneiden. — Die Austernpilze trocken säubern und in große Scheiben schneiden. — Die Schalotte schälen, fein hacken und mit den Austernpilzen im Öl andünsten. Die Kartoffeln und die Zucchini und so viel Gemüsebrühe dazugeben, dass das Gemüse bedeckt ist. Aufkochen und dann die Gewürze zugeben. — Wenn die Gemüse gar sind, mit dem Zauberstab pürieren und so viel Gemüsebrühe dazugeben, dass die Suppe cremig ist. Die Petersilie waschen, klein schneiden und über die Suppe streuen.

Minestrone

Vitalstoffreich | **2 Personen**
20 Min. | **Sommer**

1 Handvoll grüne Bohnen
1 mittelgroße Karotte
2 große Kartoffeln
1 kleine Zucchini
1 kleine rote Zwiebel
1 EL Olivenöl
¾ l Gemüsebrühe
einige Stängel Glattpetersilie
etwas weißer Pfeffer
etwas Meersalz

• • •

Die Enden der Bohnen abschneiden, die Bohnen waschen und halbieren. Die Karotte unter fließendem Wasser mit der Gemüsebürste säubern. — Die Kartoffeln waschen, mit dem Gemüseschäler schälen und vierteln. Den Strunk der Zucchini entfernen, die Zucchini waschen und in Scheiben schneiden. — Die Zwiebel schälen, klein schneiden und im Olivenöl kurz andünsten. Die geschnittenen Gemüse dazugeben und mit etwas Wasser ablöschen. Mit der Gemüsebrühe auffüllen und alles ca. 15 Min. lang garen. — Petersilie waschen, klein schneiden und dazugeben. Mit den Gewürzen abschmecken und servieren.

Steckrübeneintopf

Mineralstoffreich | **2 Personen**
45 Min. | **Winter**

2 Karotten
1 mittelgroße Steckrübe
1 Petersilienwurzel
1 Stange Lauch
1 kleine Zwiebel
¾ l Gemüsebrühe
etwas Liebstöckel
(ersatzweise Petersilie)
Galgant
etwas Sesamsalz
schwarzer Pfeffer

• • •

Die Karotten unter fließendem Wasser mit der Gemüsebürste säubern. — Die Steckrübe, die Karotten und die Petersilienwurzel schälen und in Würfel schneiden. Den Lauch gründlich waschen und in kleine Streifen schneiden. — Die Zwiebel schälen, klein würfeln und alle Zutaten in der Gemüsebrühe etwa 20 Min. kochen lassen. Die Kräuter waschen, klein schneiden und zum Gemüse geben. — Mit den Gewürzen abschmecken, es sollte aber nicht zu stark gewürzt sein.

Lauch-Kartoffel-Pot

Ballaststoffreich | 4 Personen
35 Min. | Für jede Saison

1 Zwiebel
6 mittelgroße, mehlig kochende Kartoffeln
2 Stangen Lauch
2 EL Sonnenblumenöl
1 l Gemüsebrühe
etwas Meersalz
etwas frisch gemahlener Pfeffer
2 getrocknete Lorbeerblätter
1 Prise Muskat
1 kleines Bund Gattpetersilie
1 kleines Bund Schnittlauch
2 cm frischer Meerrettich

• • •

Die Zwiebel schälen und klein würfeln. — Die Kartoffeln schälen und klein schneiden. — Den Lauch waschen und klein schneiden. — Die Zwiebel in einem Topf mit Öl anschwitzen, die Kartoffeln und den Lauch dazugeben. — Mit Gemüsebrühe auffüllen, die Gewürze sowie die Lorbeerblätter hinzugeben und für ca. 20 Min. kochen lassen. — Die Lorbeerblätter entfernen und die Suppe pürieren. — Die Petersilie und den Schnittlauch waschen, abtropfen lassen und sehr fein hacken. — Den Meerrettich schälen, klein raspeln und mit den Kräutern vermengen. — Die Suppe anrichten und über jede Portion ein Meerrettich-Kräuter-Häubchen verteilen.

Getrüffelte Schwarzwurzelsuppe

Kalziumreich | 2 Personen | 45 Min. | Winter

500 g Schwarzwurzeln
2 Frühlingszwiebeln
2 EL Rapsöl
1 l Gemüsebrühe
frisch gemahlener weißer Pfeffer
Kurkuma
etwas Muskat
einige hauchdünne Blättchen (1–2 g) schwarzer Trüffel (Feinkostgeschäft – meist auf Vorbestellung) oder wahlweise 2–3 Tropfen Trüffelöl

• • •

Die Schwarzwurzeln schälen und waschen. Am besten führen Sie diese Arbeit mit Handschuhen durch, da Sie sonst Ihr Süppchen nur mit sehr verschmutzten Händen genießen können. — Die Frühlingszwiebeln schälen, klein schneiden und im Öl kurz andünsten. Die Schwarzwurzeln in kleine Stücke schneiden, mit der Gemüsebrühe dazugeben und 20–25 Min. garen. — Wenn die Schwarzwurzeln »al dente« sind, werden sie mit dem Zauberstab püriert. Die Gewürze dazugeben und mit den frischen Trüffeln bzw. dem Trüffelöl abschmecken.

Maronencremesuppe mit Futsu black

Vitamin-K-reich | 2 Personen
20 Min. | Herbst

1 kleiner Futsu black (japanische Kürbissorte)
2 mittelgroße Kartoffeln
1 mittelgroße Zwiebel
3 EL geröstetes Kürbiskernöl
frisch gemahlener schwarzer Pfeffer
Galgant
Kurkuma
Liebstöckel
1 EL Sesamsalz
1 l Gemüsebrühe
100 g vorgekochte Maronen
3 cm frischer Ingwer

• • •

Den Futsu black waschen (nicht schälen!), halbieren, die Kerne entfernen und das Kürbisfleisch würfeln. — Die Kartoffeln waschen, schälen und in Stücke schneiden. — Die Zwiebel schälen, klein hacken und im Kürbiskernöl mit den Gewürzen sehr vorsichtig andünsten. Dann das Gemüse mit der Gemüsebrühe zugeben und zum Kochen bringen. — Die Maronen in Scheiben schneiden. Ingwer schälen, klein schneiden und mit den Maronen zur Suppe geben. Nach 10–15 Min. die Suppe pürieren und mit den Gewürzen eventuell nochmals abschmecken.

Karottensuppe mit frischen Pfifferlingen

Eiweißreich | 2 Personen | 30 Min. | Herbst

3 große Karotten
3 mittelgroße Kartoffeln
1 l Gemüsebrühe
10 Pfifferlinge (oder Shiitakepilze)
½ Zwiebel
1 EL Olivenöl
Kräutersalz
frisch gemahlener weißer Pfeffer
etwas Glattpetersilie

• • •

Die Karotten mit der Gemüsebürste unter fließendem Wasser säubern, schälen und in grobe Stücke schneiden. — Die Kartoffeln waschen und schälen, klein schneiden und zusammen mit den Karotten in der Gemüsebrühe etwa 15 Min. dünsten. — Die Pfifferlinge trocken säubern und evtl. klein schneiden. Die halbe Zwiebel hacken und im Öl andünsten, würzen, die Pfifferlinge dazugeben und leicht andünsten. Die Glattpetersilie waschen, klein schneiden und zu den Pfifferlingen geben. — Die Karotten und Kartoffeln pürieren und mit den Pfifferlingen und der Petersilie anrichten.

Kerbelschaumsüppchen mit Kartoffeln

Besonders basisch | 2 Personen
20 Min. | Sommer

8 mittelgroße Kartoffeln
frisch gemahlener schwarzer Pfeffer
Galgant
Kurkuma
Liebstöckel
1 EL Sesamsalz
1 l Gemüsebrühe
1 Handvoll frischer Kerbel
etwas Muskat
etwas frisch gemahlener Koriander

• • •

Die Kartoffeln waschen, schälen, vierteln und in der Gemüsebrühe garen. — Den Kerbel waschen, einige Blättchen zur Verzierung beiseitelegen und den übrigen Kerbel sehr fein hacken. — Muskat, Koriander und den gehackten Kerbel gegen Ende der Garzeit dazugeben und unterrühren. Mit dem Zauberstab die Suppe pürieren. Falls sie zu dick ist, noch etwas Flüssigkeit nachgießen. Mit den Kerbelblättchen verziert servieren.

Basischer Borschtsch

Besonders basisch | 2 Personen
40 Min. | Winter

2 große Kartoffeln
2 mittelgroße Rote Beten
1 l Gemüsebrühe
1 Zwiebel
1 kleiner Weißkohl
3 EL Kürbiskernöl
etwas Pfeffer
etwas Kräutersalz
Piment
frisch gemahlener Koriander

• • •

Die Kartoffeln und die Roten Beten waschen, schälen, in kleine Würfel oder Scheiben schneiden und in der Gemüsebrühe zum Garen aufsetzen. Die Zwiebel schälen und klein würfeln. Den Weißkohl waschen und in dünne Streifen schneiden. — In einem anderen Topf das Kürbiskernöl erhitzen und die Zwiebelwürfel zusammen mit den Weißkohlstreifen andünsten und nach wenigen Minuten in die Suppe geben. — Den Gemüseeintopf nun etwa 20 Min. köcheln lassen, bis alle Gemüse gar, aber nicht weich sind. Mit den Gewürzen abschmecken.

Basischer Borschtsch >

Geschäumte Kerbelsuppe mit Mandelblättern

Vitalstoffreich | 2 Personen | 30 Min. | Herbst

6 große Kartoffeln
2 Schalotten
2 EL Sonnenblumenöl
1 l Gemüsebrühe
1 Bund Kerbel
schwarzer Pfeffer Muskat
Kräutersalz
1 gehäufter EL Mandelblätter

• • •

Die Kartoffeln und die Schalotten schälen, fein würfeln und in dem Sonnenblumenöl andünsten. Die Gemüsebrühe dazugeben und etwa 15 Min. garen. — Den Kerbel waschen, mit dem Wiegemesser klein hacken und gegen Ende der Garzeit mit den Gewürzen dazugeben. — Wenn die Kartoffeln weich sind, die Suppe pürieren und durch ein Sieb passieren. — Mit dem Zauberstab, einem Schneebesen oder mit einem Milchaufschäumer die Suppe noch einmal schaumig rühren und kurz vor dem Servieren die Mandelblätter darüberstreuen.

< Geschäumte Kerbelsuppe mit Mandelblättern

Halloweensuppe vom Muskatkürbis

Ballaststoffreich | 2 Personen | 35 Min. | Herbst

1 mittelgroßer Muskatkürbis
3 Süßkartoffeln
1 Schalotte
2 EL Kürbisöl
1 l Gemüsebrühe
weißer Pfeffer
Muskat
Kurkuma
Bibernell
½ Bund Sauerampfer

• • •

Den Muskatkürbis halbieren, die Kerne entfernen und das Fleisch herauslösen. — Die Süßkartoffeln waschen, schälen und klein würfeln. — Die Schalotte schälen, klein schneiden und mit den Kürbisfleisch und den Süßkartoffeln im Kürbisöl kurz und auf kleiner Flamme andünsten. — Die Gemüsebrühe und die Gewürze dazugeben und etwa 20 Min. garen. Den Sauerampfer waschen, klein schneiden und kurz vor Ende der Garzeit zur Suppe geben.

TIPP Schneiden Sie den Deckel des Kürbis ab und schaben Sie den Kürbis mit einem Löffel aus. Aus dem Kürbisfleisch bereiten Sie die Suppe zu und in den ausgehöhlten Kürbis schnitzen Sie ein Gesicht. Ein Teelicht im Innern des Kürbis sorgt am Abend für Halloweenstimmung.

GEMÜSE FÜR MITTAGS UND ABENDS

GEMÜSEKLASSIKER

Mit **Gemüse** gefüllte **Kohlrabi**

Vitalstoffreich | 2 Personen
45 Min. | Herbst

2 mittelgroße Kohlrabi
etwas Kräutersalz
1 Karotte
1 Pastinake
1 Handvoll frische Erbsen
1 kleine Zwiebel
2 EL Sonnenblumenöl
1 Tasse Gemüsebrühe
schwarzer Pfeffer
Galgant
1 Handvoll frische Kresse

• • •

Die Kohlrabi schälen, aushöhlen und in mit Kräutersalz gewürztem Wasser je nach Größe und Wanddicke 15–20 Min. garen. Die kleinen Kohlrabiteile klein hacken. — Die Karotte und die Pastinake waschen, schälen und ebenfalls klein hacken. — Die Erbsen aus ihren Schalen lösen. — Die Zwiebel schälen, klein hacken und im Öl andünsten. — Das klein geschnittenen Gemüse und die Erbsen dazugeben und unter Umrühren dünsten. Die Gemüsebrühe und die Gewürze dazugeben. — Die Kohlrabi aus dem Wasser nehmen, abtropfen lassen und mit der Gemüsemischung füllen. Mit der Kresse verziert servieren.

Basischer Kartoffelbrei

Besonders basisch | **2 Personen**
15 Min. | Für jede Saison

6 große Kartoffeln
½ – ¾ l Gemüsebrühe
etwas Muskat

• • •

Die Kartoffeln waschen und im Gemüsedämpfer garen. Die gegarten Kartoffeln schälen und stampfen oder durch die Spätzlepresse drücken. — Die Gemüsebrühe aufkochen und nach und nach unter die Kartoffelmasse rühren, bis diese schön breiig ist. — Mit Muskat würzen.

VARIANTE Geben Sie zum Kartoffelbrei 1 Handvoll frische Kresse.

TIPP Sie können die Kartoffeln natürlich auch auf herkömmliche Weise in Wasser garen. Bedenken Sie aber bitte, dass sie dadurch eine Menge Vitalstoffe verlieren.

Karotten-Kartoffel-Pfanne **mit Mandeln**

Ballaststoffreich | **2 Personen**
20 Min. | Für jede Saison

1 Schalotte
3 EL Sesamöl
Bockshornklee
Galgant
Muskat
Kräutersalz
frisch gemahlener schwarzer Pfeffer
3 Kartoffeln
4 Karotten
2 EL gehackte Mandeln
2 EL Glattpetersilie

• • •

Die Schalotte schälen, fein hacken und im Sesamöl mit den Gewürzen andünsten. — Die Kartoffeln waschen, schälen und in dünne Schnitze schneiden. — Die Karotten mit der Gemüsebürste unter fließendem Wasser reinigen und in kleine Scheiben schneiden. — Kartoffeln, Karotten und 1 Tasse Wasser zu den Zwiebeln geben und zusammen garen. Evtl. noch etwas Wasser zugeben, damit Gemüsesud entsteht. — Nach ca. 10 Min. die Mandeln untermischen und mit der gewaschenen und klein geschnittenen Petersilie bestreuen.

Kartoffelspätzle

Ballaststoffreich | **2 Personen**
20 Min. | Für jede Saison

5 mittelgroße festkochende Kartoffeln
etwas Kräutersalz
etwas Muskat
2 TL Olivenöl

• • •

Die Kartoffeln waschen und im Gemüsedämpfer garen. Anschließend schälen und durch die Spätzlepresse drücken. — Mit etwas Kräutersalz und Muskat würzen und das Olivenöl darüberträufeln.

TIPP Für den großen Hunger oder wenn Sie keinesfalls abnehmen wollen: Essen Sie die Kartoffelspätzle als Beilage zu einem saisonalen Gemüsegericht.

Brokkolipüree mit **Urkarotten**

Vitaminreich | **2 Personen** | **30 Min.** | **Herbst**

3–4 große Kartoffeln
2 mittelgroße Urkarotten
2 mittelgroße Brokkoli
Gemüsebrühepulver für 1 Liter
2 Zwiebeln
2 EL Sonnenblumenöl
etwas Kräutersalz
etwas weißer Pfeffer
1 Prise Muskatnuss
etwas Koriander
1 EL Brokkolikeimlinge

• • •

Alles Gemüse waschen. Kartoffeln schälen. Alles Gemüse zerkleinern und im Gemüsedämpfer wenige Minuten garen (erst Karotten, dann Kartoffeln und Brokkoli zusammen). — Brokkoli und Kartoffeln in einen Topf geben. Im Sud vom Boden des Gemüsedämpfers das Gemüsebrühepulver auflösen, einen Teil der Flüssigkeit in den Topf geben und pürieren. Nach und nach so viel Gemüsebrühe dazugeben, bis das Püree schön cremig ist. Mit den Gewürzen abschmecken. — Zwiebeln würfeln und im Öl glasig dünsten. Die gegarten Karotten darin schwenken und mit dem Brokkolipüree anrichten. Mit Brokkolikeimlingen bestreuen.

Fenchel an Pesto

Ballaststoffreich | **2 Personen**
15 Min. | **Herbst**

2 kleinere Fenchelknollen
etwas Fenchelgrün
1 Glas Basilikumpesto ohne Knoblauch (gibt es im Bioladen)

• • •

Die Fenchelknollen waschen, eventuell die äußere holzige Schale entfernen, das Fenchelgrün mit verwenden. — Die Knollen halbieren, den Fenchel der Länge nach in Schnitze schneiden und mit dem Fenchelgrün zusammen im Gemüsedämpfer knapp 10 Min. dämpfen. — Die Fenchelschnitze dekorativ auf 2 Teller legen und das Pesto darüber verteilen.

TIPP Schmeckt wie die meisten Antipasti kalt und warm.

Lauchgemüse mit Kräuterseitlingen

Eiweißreich | **2 Personen**
25 Min. | **Für jede Saison**

3 kleine Stangen Lauch
2 Stängel Glattpetersilie
3 EL Sesamöl
½ Tasse Gemüsebrühe
1 EL Sesamsalz
1 Prise gemahlene Bockshornkleesamen
frisch gemahlener schwarzer Pfeffer
200 g Kräuterseitlinge

• • •

Den Lauch putzen, gründlich waschen und in feine Ringe schneiden. Die Petersilie waschen und klein schneiden. — Den Lauch leicht im Öl andünsten und mit der Gemüsebrühe ablöschen. Mit Sesamsalz, Bockshornklee und Pfeffer würzen. — Die Kräuterseitlinge mit einer Pilzbürste oder mit Küchenkrepp säubern und in dünne Scheiben schneiden. — Pilze zum Lauchgemüse geben und zusammen mit der Glattpetersilie noch einige Minuten dünsten.

Junge Karotten im Sojasprossenbett

Eiweißreich | 2 Personen | 35 Min. | Winter/Frühling

1 Bund junge Karotten
Kräutersalz
1 kleine Zwiebel
2 EL Sesamöl
2 Handvoll frische Sojasprossen
weißer Pfeffer
1 Prise gemahlener Ingwer
etwas Gartenkresse

• • •

Die Karotten waschen, mit der Gemüsebürste säubern und das Karottengrün so abschneiden, dass grüne Stängel von 5–7 cm übrig bleiben. — Karotten in Wasser mit etwas Kräutersalz sieden lassen, bis sie »al dente« sind. Zwiebel fein würfeln und in dem Sesamöl glasig dünsten. — Sojasprossen waschen, dazugeben und mit den Gewürzen abschmecken. Nicht anbraten lassen — nur kurz erhitzen. Auf einem Teller die Sojasprossen ausbreiten, Karotten fächerförmig darüber ausbreiten und mit Kresse garnieren.

Feine Pestokartoffeln

Besonders basisch | 2 Personen
20 Min. | Für jede Saison

8 mittelgroße Kartoffeln
4 Handvoll frischer Basilikum
4 EL Olivenöl
Kräutersalz
frisch gemahlener schwarzer Pfeffer

• • •

Die Kartoffeln waschen, mit der Gemüsebürste abbürsten und im Gemüsedämpfer etwa 15 Min. garen. — Die Basilikumblätter waschen, abtropfen lassen und sehr fein hacken — dann mit Olivenöl, Kräutersalz und Pfeffer zu einer Paste verrühren. Gut ist, wenn Sie das Pesto einige Stunden durchziehen lassen. — Die Kartoffeln in Scheiben schneiden und auf einem flachen Teller anrichten. Pesto darüberträufeln und sofort servieren.

TIPP Dieses Pesto können Sie prima auf Vorrat herstellen und nach dem Basenfasten auch mal mit einem Brot oder mit Dinkel- oder Hirsespaghetti genießen.

Roter Mangold **mit Kastanienflocken**

Vitalstoffreich | 2 Personen
20 Min. | Herbst

1 kleiner roter Mangold
(alternativ grüner Mangold)
1 Schalotte
2 EL Olivenöl
1 TL Sesamsalz
etwas gemahlene Senfsaat
etwas gemahlener Bockshornklee
frisch gemahlener schwarzer Pfeffer
etwas Galgant
½ Tasse Wasser
2 EL Kastanienflocken (alternativ
1 Handvoll gekochte Maroni)

• • •

Die Mangoldblätter waschen und in dünne Streifen schneiden. — Die Schalotte schälen und klein hacken. Das Olivenöl vorsichtig erhitzen und die Schalotte mit den Gewürzen darin glasig dünsten. — Die Mangoldstreifen und eine halbe Tasse Wasser dazugeben. Nach wenigen Minuten ist der Mangold gar — evtl. noch ein wenig Wasser dazugeben. — Am Ende der Garzeit die Kastanienflocken untermischen.

TIPP Wenn Sie sehr hungrig sind, können Sie 2–3 kleine Pellkartoffeln dazu essen.

Kräuterkartoffeln aus der **Pfanne**

Besonders basisch | 2 Personen
20 Min. | Für jede Saison

10 mittelgroße Kartoffeln
1 Handvoll frische Kräuter (am besten ein Bund mit Wildkräutern)
2 EL Olivenöl
1 EL Kräutersalz
frisch gemahlener schwarzer Pfeffer

• • •

Die Kartoffeln waschen, mit der Schale im Gemüsedämpfer garen und in Schnitze schneiden. — Die Kräuter waschen und klein hacken. Das Öl vorsichtig erhitzen und die Kartoffeln darin schwenken. — Kräuter dazugeben, mit Kräutersalz und Pfeffer würzen und servieren.

Brokkolipfanne **mit Karottenspaghetti** und **Spinat**

Ballaststoffreich | **2 Personen** | **25 Min.** | **Sommer/Herbst**

2 große gerade Karotten
1 Stange Lauch
1 Handvoll frische Spinatblätter
1 kleiner Brokkoli
3 EL Sesamöl
1 EL Sesamsalz
½ TL Mangopulver
Kurkuma
gemahlener Kreuzkümmel
Galgant
frisch gemahlener schwarzer Pfeffer
Bockshornklee gemahlen
gemahlener Koriander
1 Handvoll frische Glattpetersilie

• • •

Die Karotten unter fließendem Wasser mit der Gemüsebürste säubern, die Enden gerade schneiden und die Karotten nacheinander mit der Gemüsespaghettimaschine zu Spaghetti verarbeiten. — Lauch gründlich waschen, die Wurzel abschneiden, den Lauch der Länge nach vierteln und die Lauchstreifen ca. 7 cm lang schneiden. Den Spinat waschen, ausputzen und etwas klein schneiden. — Den Brokkoli waschen, in Röschen zerteilen und die Röschen halbieren. Den Lauch im Sesamöl zusammen mit den Gewürzen andünsten. — Brokkoliröschen, Karottenspaghetti und Spinat dazugeben und unter Umrühren garen — das dauert nur wenige Minuten. — Die Petersilie waschen, fein schneiden und vor dem Servieren über das Gemüse verteilen.

Gefüllte **Wirsingkörbchen**

Vitalstoffreich | **2 Personen** | **ca. 45 Min.** | **Winter**

1 kleiner Wirsing
1 Karotte
100 g Egerlinge
1 kleine Zwiebel
3 EL Sonnenblumenöl
Kräutersalz
schwarzer Pfeffer
Muskatnuss
etwas Gemüsebrühe
3 kleine Kartoffeln

• • •

Die Wirsingblätter waschen, blanchieren und 4 große Blätter davon zur Seite legen. Je nach Größe 2–3 Wirsingblätter in feine Streifen schneiden. — Die Karotte gründlich waschen. Die Egerlinge säubern, die Zwiebel schälen und alles in feine Scheiben schneiden. — Die Zwiebel und die Karotte in Öl andünsten, danach den Wirsing und die Egerlinge zugeben. Würzen, dann die Gemüsebrühe beimengen. — Die Kartoffeln kochen, schälen und mit der Gabel zerdrücken. Sobald das Gemüse gar ist, die zerdrückten Kartoffeln dazugeben. — Nun ca. 2 EL der Gemüsemasse in je eines der beiseitegelegten Wirsingblätter geben und die Blätter jeweils zu einem Körbchen schließen (mit etwas Bindfaden — ein Schnittlauchstängel geht auch).

TIPP Was vom Wirsing übrig bleibt, können Sie am nächsten Tag in einer Suppe verwenden.

Brokkolipfanne mit Karottenspaghetti und Spinat >

Mangoldrolle mit Kartoffel-Kräuter-Creme

Besonders basisch | 2 Personen | 15 Min. | Sommer/Herbst

2 kleine Mangoldblätter
½ Bund gemischte Kräuter
4 große gegarte Pellkartoffeln
½ Tasse Gemüsebrühe
etwas Muskat
weißer Pfeffer
Kerbel

• • •

Die Mangoldblätter waschen und im Gemüsedämpfer in wenigen Minuten »al dente« garen. — Die Kräuter waschen, abtropfen lassen und klein hacken. — Die Kartoffeln pellen und zerstampfen und mit den Kräutern und Gewürzen und der Gemüsebrühe zu einer festen Creme verrühren. — Je 2–3 EL Kartoffel-Kräuter-Creme auf ein Mangoldblatt geben und das Blatt darumrollen. Die Rolle hält besser, wenn sie mit einem Zahnstocher festgehalten wird.

< Mangoldrolle mit Kartoffel-Kräuter-Creme

Igel-Stachelbart mit Kirschtomaten

Eiweißreich | 2 Personen | 15 Min. | Sommer

250 g Igel-Stachelbart
(ein ganzjähriger Zuchtpilz)
2 Handvoll reife Kirschtomaten
einige Blätter Basilikum
2 EL Olivenöl
Kräutersalz

• • •

Den Igel-Stachelbart, falls nötig, mit Küchenkrepp säubern und in etwa 2 cm dicke Scheiben schneiden. Die Tomaten waschen und halbieren. Die Basilikumblätter waschen und klein schneiden. — Die Pilzscheiben vorsichtig im Öl andünsten. Würzen und die Tomaten und den Basilikum dazugeben.

TIPP Erweitern Sie dieses Rezept mit einer Portion Zucchinispaghetti. Dazu benötigen Sie eine mittelgroße, gerade Zucchini, die Sie waschen und mit einer Gemüsespaghettimaschine zu Spaghetti verarbeiten. Die Zucchinispaghetti in 2 EL Olivenöl andünsten und mit etwas Kräutersalz und schwarzem Pfeffer würzen. Ist auch nach dem Basenfasten eine leckere Beilage zu Fisch- und Fleischgerichten.

Lauch brunoise mit getrockneten Herbsttrompeten

Vitalstoffreich | 2 Personen | 35 Min. | Herbst

3 Stangen Lauch
1 mittelgroße Karotte
2 EL Sonnenblumenöl
1 Tasse Gemüsebrühe
Kräutersalz
weißer Pfeffer
etwas Endoferm (Kräutermischung aus dem Reformhaus, verbessert die Verdaulichkeit von Lauch)
2 TL getrocknete Herbsttrompeten
(wahlweise Steinpilze)

• • •

Die Lauchstangen waschen und den Lauch sehr fein würfeln (»brunoise«). Die Karotte mit der Gemüsebürste abbürsten, waschen und ebenfalls klein würfeln. Die Gemüse im Sonnenblumenöl dünsten und mit der Gemüsebrühe und den Gewürzen würzen. — Vor dem Servieren die getrockneten Herbsttrompeten darüberstreuen. Dazu können Sie 2 Pellkartoffeln reichen.

TIPP Als essbare Dekoration eignen sich auch sehr gut 1–2 Zucchiniblüten.

Zucchinipuffer an Auberginenkaviar

Vitalstoffreich | 2 Personen | 60 Min. | Sommer

4 mittelgroße Kartoffeln
1–2 Zucchini
Kräutersalz
gemischte Kräuter der Saison
3 EL Rapsöl
1 kleine Aubergine
1 Schalotte
8 schwarze Oliven
½ EL Zitronenthymian
1 EL Olivenöl
1 EL Kräuter der Provence
etwas Kerbel
frisch gemahlener weißer Pfeffer
2 Salatblätter
3–4 Cocktailtomaten

• • •

Die Kartoffeln waschen, im Gemüsedämpfer garen, schälen und mit einer Gabel oder einem Kartoffelstampfer zerdrücken. — Die Zucchini waschen und raspeln. Die Kartoffeln und die Zucchini mit Kräutersalz und den gehackten Kräutern mischen und alles kurz durchziehen lassen. — Das Rapsöl in der Pfanne heiß werden lassen, die Zucchini-Kartoffel-Masse esslöffelweise in die Pfanne geben und ein wenig flach drücken. Von beiden Seiten bei mittlerer Hitze etwas anbraten. — Die Aubergine halbieren, im Gemüsedämpfer garen und mit dem Löffel ausschaben. Die Schalotte und die Oliven sehr fein hacken, Zitronenthymian waschen und sehr klein hacken. Das Auberginenfleisch mit der Schalotte, den Oliven, dem Öl, Thymian und den Gewürzen vermischen und pürieren. — Die Puffer in der Mitte des Tellers anrichten, 2 EL Auberginenkaviar auf ein Salatblatt daneben legen und mit halbierten Cocktailtomaten verzieren.

Grüne Bohnen mit Kräuterseitlingen

Eiweißreich | 2 Personen | 20 Min. | Sommer

300 g grüne Bohnen
300 g Kräuterseitlinge
1 kleine Schalotte
einige Stängel Bohnenkraut
2 EL Olivenöl
weißer Pfeffer
etwas Piment

• • •

Die Bohnen waschen, die Enden abschneiden und die Bohnen halbieren. — Die Kräuterseitlinge, soweit nötig, mit Küchenkrepp säubern und die größeren Pilze klein schneiden. — Die Schalotte schälen und klein würfeln. Die Bohnen mit dem Bohnenkraut im Gemüsedämpfer garen. — Das Olivenöl erhitzen, die Schalotte und die Kräuterseitlinge darin kurz andünsten. Vom Herd nehmen, mit den gegarten Bohnen vermischen und mit den Gewürzen abschmecken.

TIPP Kräuterseitlinge finden Sie oft im Gemüseladen – ihr kräftiges Aroma ist dem der Steinpilze ähnlich. Mir persönlich schmecken sie sehr gut. Glattpetersilie unterstützt ihr Aroma.

GEMÜSE FÜR MITTAGS UND ABENDS

AUS DEM BACKOFEN

Auberginen-Zucchini-Türmchen

Vitalstoffreich | 2 Personen
30 Min. | Sommer

1 mittelgroße Aubergine
1 mittelgroße Zucchini
etwas Meersalz
frisch gemahlener schwarzer Pfeffer
1 TL Thymian
3 EL Olivenöl
10 reife Cocktailtomaten
einige Basilikumblätter
4 Schaschlikspieße

• • •

Die Aubergine und die Zucchini waschen und in dünne Scheiben schneiden. Salz, Pfeffer und Thymian unter das Olivenöl mischen und mit einem Pinsel die Auberginen- und Zucchinischeiben etwas einölen. — In einer Auflaufform abwechselnd eine Scheibe Aubergine und eine Scheibe Zucchini übereinandersetzen, sodass es 4 Türmchen gibt. — Jedes Türmchen mit einem Schaschlikspieß befestigen und auf die Spitze eine halbe Cocktailtomate setzen. Im Backofen etwa 20 Min. grillen. — Die übrigen Tomaten waschen, vierteln und mit etwas Olivenöl, Meersalz und Pfeffer würzen. — Die Basilikumblätter waschen, klein schneiden und unter die Tomaten mischen. Nach 15 Min. Grillzeit zu den Auberginentürmchen geben.

Gefüllte Riesenchampignons **mit Kartoffelcreme**

Eiweißreich | **2 Personen** | **1 Std.** | **Für jede Saison**

8–10 mittelgroße, festkochende Kartoffeln
4 Riesenchampignons
1 Schalotte
½ Bund frische, gehackte Kräuter (Thymian, Oregano, Basilikum, Kerbel)
etwas Kräutersalz
Pfeffer
Muskat
2 reife Tomaten
etwas Gemüsebrühe
1 EL Olivenöl

• • •

Die Kartoffeln waschen, mit der Gemüsebürste abbürsten und im Gemüsedämpfer garen. — Die Champignons putzen, den Stiel herausdrehen, evtl. noch mit einem Löffel ausschaben. Die Champignons kurz blanchieren. — Die Schalotte schälen und fein schneiden. Die Kräuter waschen und mit einem Wiegemesser fein hacken. — Die Champignonreste klein schneiden und mit den Kräutern und den Schalotte mischen. Mit etwas Kräutersalz, Pfeffer und Muskat würzen. — Die Tomaten waschen, klein hacken und zur Seite stellen. 2–3 gekochte Kartoffeln schälen, stampfen und mit etwas Gemüsebrühe und 1 EL Olivenöl zu einem Kartoffelpüree verarbeiten. — Die Champignon-Kräuter-Mischung mit der Kartoffelcreme verrühren und in die Riesenchampignons füllen. Eine Auflaufform mit Olivenöl auspinseln und die Champignons hineinsetzen. Etwa 15 Min. im Backofen bei 180 °C backen. — Die Tomaten erst in den letzten 5 Min. über der Füllung verteilen. Die restlichen Kartoffeln dazu reichen.

Backofenkartoffeln mit **Rosmarin**

Ballaststoffreich | **2 Personen** | **25 Min.** | **Für jede Saison**

kleine neue Kartoffeln (z. B. La Ratte, Amandine, Bamberger Hörnchen oder neue kleine Galatina Sieglinde)
1 Zweig Rosmarin oder getrockneter Rosmarin von Brecht (Reformhaus)
Kräutersalz
4 EL Olivenöl

• • •

Die Kartoffeln mit der Gemüsebürste putzen (nicht schälen!), abwaschen und halbieren. Den Rosmarin waschen und mit dem Öl und Kräutersalz mischen. — Die Kartoffelschnittflächen mit der Olivenöl-Kräuter-Mischung bestreichen. Im Backofen bei 190 °C etwa 15 Min. kross werden lassen. Achten Sie darauf, dass die Kartoffeln nicht zu braun werden.

TIPP Bamberger Hörnchen (Hörnla, La Ratte) gehören zu den besonders aromatischen Kartoffelsorten. Sie sind klein und haben die Form eines Hörnchens, daher der Name. Man findet sie in Bioläden, in Gemüsegeschäften und auf Wochenmärkten. Sie sind ein wenig teurer, aber sehr lecker.

Thymiankartoffeln »La Ratte« an Olivenpüree

Ballaststoffreich | 2 Personen | 50 Min. | Für jede Saison

6 Kartoffeln »La Ratte«
2 EL Zitronenthymianblättchen
Kräutersalz
3 EL Olivenöl
je 12 grüne und schwarze Oliven
Kräuter der Provence

• • •

Die Kartoffeln unter fließendem Wasser mit der Gemüsebürste säubern und halbieren. Den Zitronenthymian mit etwas Kräutersalz mischen. — Die Kartoffeln mit Olivenöl bestreichen und in den Thymianblättchen wälzen. — Die Kartoffeln im Backofen bei 190 °C etwa 25 Min. backen und kross werden lassen. — Die Oliven mit den Kräutern mischen, pürieren und zu den »Thymianratten« servieren.

TIPP Das Olivenpüree schmeckt auch prima zu Pellkartoffeln, wenn es mal schneller gehen muss.

Mediterranes Gemüse al forno

Vitalstoffreich | 2 Personen | 35 Min. | Sommer

2 mittlere Zucchini
1 kleine Aubergine
Gemüsebrühe
1 Zwiebel
3 EL Olivenöl
10–12 reife kleine Tomaten
10–12 schwarze Oliven
Thymian
Rosmarin
frisch gemahlener schwarzer Pfeffer
Kräutersalz
20 Basilikumblätter

• • •

Die Zucchini unter fließendem Wasser abbürsten und mit einem scharfen Messer so der Länge nach anschneiden, dass sie wie ein Fächer auseinandergelegt werden können. — Die Aubergine waschen, klein würfeln und mit den Zucchinifächern in etwas Gemüsebrühe 15 Min. garen. — Die Zwiebel schälen, klein schneiden, im Olivenöl glasig dünsten und in einer Auflaufform gleichmäßig verteilen. Die Tomaten waschen und in Scheiben schneiden. — Die ausgebreiteten Zucchini mit den Auberginenstückchen in die Auflaufform geben und die Oliven, die Tomatenscheiben, Rosmarin und Thymian darüber verteilen und mit Pfeffer und Salz würzen. — Im vorgeheizten Ofen bei 180 °C wenige Minuten erwärmen. Die Basilikumblätter erst kurz vor dem Servieren darüber verteilen.

GEMÜSE FÜR MITTAGS UND ABENDS

SCHNELLE GERICHTE

Blitzschnelle **Gemüsepfanne**

Besonders basisch | 2 Personen
10 Min. | Für jede Saison

1 Portion Pfannengemüse (vorgeschnitten – finden Sie oft an Marktständen)
2 EL Sonnenblumenöl
frisch gemahlener schwarzer Pfeffer
Kräutersalz
Galgant
Liebstöckel
etwas Piment

• • •

Das geschnittene Gemüse waschen und abtropfen lassen. Das Sonnenblumenöl erhitzen, das Gemüse dann unter Rühren garen und die Gewürze dazugeben. — Falls nötig, mit ein wenig Wasser ablöschen, damit das Gemüse nicht zu sehr anbrät.

TIPP Pfannengemüse vom Wochenmarkt besteht aus mehreren Gemüsesorten der Saison: meist Karotte, Lauch, Brokkoli oder Blumenkohl und Sellerie. Ideal, wenn es schnell gehen muss und keine Zeit für die Gemüseschnippelei ist.

Pellkartoffeln mit Avocadocreme

Besonders basisch | **2 Personen**
15 Min. | **Für jede Saison**

7–8 Kartoffeln
2 reife Avocados
1 Prise Meersalz
1 Prise gemischter Pfeffer
Saft von 1 Zitrone
1 Schälchen Kresse

• • •

Die Kartoffeln waschen, im Gemüsedämpfer garen und schälen. — Die Avocados schälen und entkernen, das Fruchtfleisch mit der Gabel zerdrücken und die Gewürze und den Zitronensaft untermischen. Zuletzt die Kresse untermischen. — Die Kartoffeln mit der Creme bestreichen.

Pellkartoffeln mit Olivencreme

Besonders basisch | **2 Personen**
15 Min. | **Für jede Saison**

7–8 Kartoffeln
½ Glas Olivencreme (z. B. Rapunzel)

• • •

Die Kartoffeln waschen, im Gemüsedämpfer garen und schälen. — Die Kartoffeln in Scheiben schneiden und mit der Olivencreme bestreichen.

TIPP Kochen Sie einfach die doppelte oder dreifache Menge an Kartoffeln ab und lagern den Vorrat im Kühlschrank. Dann haben Sie fertig gekochte Kartoffeln vorrätig und können ruck zuck Bratkartoffeln, Kartoffelsalat usw. zubereiten. Auch wunderbar bei Hunger zwischendurch: eine kalte gekochte Kartoffel mit etwas Pesto – köstlich!

Vorfrühlingsgemüse mit neuen Kartoffeln

Ballaststoffreich | **2 Personen**
15 Min. | **Winter/Frühling**

6 kleine neue Kartoffeln (z. B. Galatina Sieglinde)
2 mittelgroße Karotten
1 Frühlingszwiebel
2 EL Sonnenblumenöl
etwas weißer Pfeffer
etwas Kräutersalz
1 Handvoll Brunnenkresse (wahlweise Gartenkresse)

• • •

Kartoffeln waschen, schälen und in kleine Würfel schneiden. Karotten waschen, abbürsten und in kleine Würfel schneiden. Gemüse im Gemüsedämpfer al dente garen. — Die Frühlingszwiebel waschen, schälen, klein würfeln und in Öl glasig dünsten. — Das gegarte Gemüse in der Zwiebel-Öl-Mischung wenden und nicht mehr erhitzen. Mit den Gewürzen abschmecken und mit der Brunnenkresse garniert servieren.

Auberginengemüse provençal

Kaliumreich | **2 Personen** | **15 Min.** | **Sommer**

1 große reife Aubergine
2 EL Olivenöl
1–2 TL Kräuter der Provence
frisch gemahlener schwarzer Pfeffer
frischer Rosmarin oder Lavendel

• • •

Die Aubergine waschen, den Stielansatz abschneiden und das Auberginenfleisch klein würfeln. Die Auberginenwürfel in Olivenöl unter Rühren einige Min. andünsten, bis sie gerade beginnen, weich zu werden. — Die Kräuter der Provence daruntermischen, den Pfeffer zugeben und mit einem Rosmarinzweig oder etwas Lavendel servieren.

TIPP Dieser Gemüsetopf schmeckt auch lecker, wenn Sie anstelle der großen Aubergine eine kleine verwenden und dazu 1 kleine Zucchini, die Sie waschen und in Würfel schneiden, und 1 mittelgroße Kartoffel, die Sie waschen, schälen und klein würfeln. Einfach Zucchini und Kartoffeln mit den Auberginenstücken im Olivenöl andünsten und das Gemüse wie beschrieben zubereiten.

Paprikagemüse mit schwarzen Oliven

Kalziumreich | **2 Personen** | **15 Min.** | **Sommer**

Je 1 rote, gelbe und grüne Paprika
2 EL Olivenöl
etwas Kräutersalz
1 Prise schwarzer Pfeffer
1 Handvoll ungefärbte schwarze Oliven
einige Blättchen Thymian

• • •

Die Paprika waschen, den Strunk herausschneiden, die Kerne herauslösen und die Paprika in dünne Streifen schneiden. Das Olivenöl erhitzen, die Paprikastreifen darin vorsichtig andünsten und die Gewürze zugeben. — Oliven und Thymianblättchen gegen Ende der Garzeit dazugeben und untermischen.

TIPP Achten Sie bitte bei der Wahl der schwarzen Oliven darauf, dass Sie Oliven bekommen, die ihre Färbung nicht durch Zugabe von Eisenglukonat erhalten haben (steht auf der Packung) – dies kann bei empfindlichen Menschen zu Magenproblemen bis hin zu Verdauungsstörungen führen.

Zucchini mediterran mit schwarzen Oliven

Kaliumreich | **2 Personen** | **15 Min.** | **Sommer**

4 kleine Zucchini
1 Lauchzwiebel
3 EL Olivenöl
frisch gemahlener schwarzer Pfeffer
Meersalz
Kräuter der Provence
4 schwarze ungefärbte Oliven
3 Cocktailtomaten

• • •

Die Zucchini waschen, den Strunk entfernen und die Zucchini längs in dünne Scheiben schneiden. — Die Lauchzwiebel schälen, waschen und in Ringe schneiden. Zwiebel und Zucchini in Olivenöl andünsten und mit Pfeffer, Meersalz und den Kräutern abschmecken. — Die Oliven in Ringe schneiden, Tomaten waschen und achteln. Die Oliven und die Tomatenachtel am Ende der Garzeit zu den Zucchini geben, damit sie nur kurz erwärmt werden.

Winter-Sesam-Gemüse **aus dem Wok**

Besonders basisch | 2 Personen | 15 Min. | Winter/Frühling

1 Karotte
2 kleine Wirsingblätter
1 kleine Stange Lauch
2 EL Sesamöl
3 EL frische Sojabohnenkeimlinge
1 Blatt Norialgen, geröstet
1 gehäufter TL Tahin (Sesampaste)
2 EL Sesam
etwas Koriandergrün

• • •

Die Karotte, die Wirsingblätter und den Lauch waschen und in sehr dünne Streifen schneiden. Das Sesamöl im Wok erhitzen und die Gemüse unter ständigem Rühren andünsten. — Die Sojabohnenkeimlinge und 2 EL Wasser dazugeben. Die Norialgen in dünne Streifen schneiden und zusammen mit dem Tahin, Sesam und dem Koriandergrün in den Wok geben. Alles gut durchmischen und abschmecken.

TIPP Falls die Mischung zu fad schmeckt, können Sie noch etwas Norialgen dazugeben. Norialgen werden hauptsächlich für Sushi-Röllchen gebraucht. Es gibt sie in asiatischen Geschäften oder auch in größeren Supermärkten. Sie sind sehr nährstoffreich, enthalten aber auch viel Salz und Jod und sollten daher nur in kleinen Mengen gegessen werden.

< Winter-Sesam-Gemüse aus dem Wok

Kartoffelsalat mit sauren **Bohnen**

Ballaststoffreich | 2 Personen | 15 Min. | Für jede Saison

250 g gegarte saure Bohnen
½ Zwiebel
1 TL Zitronensaft
½ TL Meersalz
weißer Pfeffer
3 Stiele Glattpetersilie
6 gekochte Pellkartoffeln
3 EL Olivenöl
5 Cocktailtomaten

• • •

Die sauren Bohnen zubereiten (siehe unten). Zwiebel schälen und würfeln. Einige Esslöffel Kochwasser der sauren Bohnen mit dem Zitronensaft, dem Meersalz, dem Pfeffer und der fein gehackten Petersilie zu einer Marinade vermischen. — Die Kartoffeln schälen, würfeln und zusammen mit den Bohnen mit der Marinade übergießen und durchziehen lassen. Olivenöl zugeben und abschmecken. Mit den halbierten Tomaten garnieren.

TIPP Grundrezept saure Bohnen: 500 g saure Bohnen abtropfen lassen – wenn Sie das Gericht nicht so sauer mögen, spülen Sie die Bohnen im Sieb kurz kalt ab. 2 Tassen Wasser zum Kochen bringen und die Bohnen darin 15–20 Min. kochen. Milchsauer vergorene Bohnen gibt es abgepackt in 500-g-Beuteln zu kaufen.

Sommerlich marinierte **Auberginen**

Ballaststoffreich | **2 Personen** | **10 Min.** | **Sommer**

2 kleine reife Auberginen
4–5 EL kalt gepresstes Olivenöl
1 Handvoll reife Kirschtomaten
Saft von 1 Zitrone
Oregano
Rosmarin
Thymian
frisch gemahlener schwarzer Pfeffer
etwas Meersalz

• • •

Die Auberginen waschen, abtupfen, den Stielansatz entfernen und die Auberginen in dünne Scheiben schneiden. — Die Auberginenscheiben in 2 EL Olivenöl vorsichtig andünsten. Evtl. noch 1 EL Olivenöl dazugeben. — Die Kirschtomaten waschen, vierteln und gegen Ende der Garzeit ganz kurz dazugeben. — Aus dem restlichen Olivenöl, dem Zitronensaft und den Kräutern und Gewürzen eine Marinade herstellen. Die gedünsteten Auberginenscheiben und die Tomatenstückchen in eine kleine Schüssel geben, die Marinade darüberträufeln und einen Tag ziehen lassen.

< Kürbispfanne mit frischen Kräutern

Kürbispfanne mit frischen **Kräutern**

Ballaststoffreich | **2 Personen** | **15 Min.** | **Herbst**

1 kleiner Hokkaidokürbis
2–3 EL Sonnenblumenöl
1 Handvoll frische Kräuter
etwas Kräutersalz
etwas weißer Pfeffer

• • •

Den Hokkaido mit der Gemüsebürste unter fließendem Wasser gut abbürsten, durchschnieden, die Kerne entfernen und das Kürbisfleisch erst in einige grobe Stücke und dann in sehr dünne kleine Scheiben schneiden. — Das Öl in einer Pfanne erhitzen und die Hokkaidoscheiben unter ständigem Umrühren darin garen. — Die Kräuter waschen, klein hacken und am Ende der Garzeit zum Hokkaido geben. Mit den Gewürzen abschmecken und servieren.

TIPP Dieses Gericht können Sie auch im Wok zubereiten.

Kartoffelsuppe nach Matteos Art

Besonders basisch | 2 Personen
15 Min. | Für jede Saison

6 mittelgroße Kartoffeln
1 kleine Zwiebel
Gemüsebrühepulver für 1,5 Liter
¾ l Wasser

• • •

Die Kartoffeln waschen, schälen und in Scheiben schneiden. — Die Zwiebel schälen und in halbe Ringe schneiden. Das Gemüsebrühepulver in ¾ l Wasser auflösen, die Kartoffelscheiben und die Zwiebelringe dazugeben und bei mittlerer Hitze garen.

TIPP Verfeinern Sie die Kartoffelsuppe, indem Sie einige frische gehackte Kräuter – Glattpetersilie, Schnittlauch oder Gartenkresse – dazugeben.

Feines Brokkoli-Süppchen

Ballaststoffreich | 2 Personen
20 Min. | Sommer

1 Zwiebel
1 Brokkoli (etwa 500 g)
1 große Kartoffel
2 EL Olivenöl
1 l Gemüsebrühe
Muskat
Kräutersalz
frisch gemahlener schwarzer Pfeffer

• • •

Die Zwiebel schälen und fein hacken. — Den Brokkoli putzen, waschen und in Röschen teilen. — Die Kartoffel schälen und klein würfeln. Die Zwiebel im erhitzten Olivenöl glasig dünsten. — Die Brokkoliröschen, die Kartoffeln und die Gemüsebrühe zugeben und zugedeckt 10 Min. garen. — Die fertige Suppe mit dem Zauberstab pürieren und mit Muskat, Kräutersalz und Pfeffer abschmecken.

Kartoffelbrei mit Wildkräuterpesto

Vitalstoffreich | 2 Personen
15 Min. | Für jede Saison

1 Handvoll Wildkräuter
1–2 EL Olivenöl
1 EL Sesamsalz
6 große Kartoffeln
½ l Gemüsebrühe

• • •

Die Wildkräuter waschen, abtropfen lassen, klein hacken und mit dem Olivenöl sowie dem Sesamsalz gut verrühren und einige Stunden ziehen lassen. — Die Kartoffeln waschen, mit der Gemüsebürste abbürsten und im Gemüsedämpfer garen. Die Kartoffeln schälen und zerstampfen oder durch eine Spätzlepresse drücken. — ⅓ der Gemüsebrühe zusammen mit dem Pesto unter die Kartoffelmasse rühren. Nach und nach die restliche Gemüsebrühe unterrühren, bis die Masse schön breiig ist.

TIPP Das Pesto schmeckt auch gut zu Pellkartoffeln.

Fenchelgemüse **mit Kartoffeln**

Mineralstoffreich | **2 Personen**
15 Min. | **Sommer**

2 kleine Fenchelknollen
6–8 kleine Kartoffeln
(Galatina Sieglinde)
etwas Gemüsebrühe
2 EL Sesam- oder Sonnenblumenöl

• • •

Die Fenchelknollen waschen, die holzigen Stellen der äußeren Schale entfernen und die Fenchelknollen halbieren. Sollten die Fenchelhälften zu groß sein, dann den Fenchel vierteln. Etwas Fenchelgrün beiseitelegen. — Die Kartoffeln waschen, mit der Gemüsebürste abreiben und halbieren. Die Fenchelteile und die Kartoffeln im Gemüsedämpfer 8 bis 10 Min. garen. — Das Öl nicht erhitzen, nur etwas Gemüsebrühe oder ein Kräutersalz zugeben und vermischen und die gegarten Gemüse darin wälzen. Mit Fenchelgrün garniert servieren.

Lauch-Shiitake-**Gemüse**

Eiweißreich | **2 Personen**
10 Min. | **Für jede Saison**

2 mittlere Stangen Lauch
150 g Shiitake-Pilze
3 EL Olivenöl
1 EL Sesamsalz
frisch gemahlener schwarzer Pfeffer

• • •

Den Lauch putzen, gründlich waschen und in breitere Stücke schneiden. Die Shiitake-Pilze trocken mit Küchenkrepp säubern und vierteln. — Das Olivenöl erhitzen und die Pilze darin andünsten. Den Lauch zufügen, einige Minuten dünsten und mit Sesamsalz und Pfeffer würzen.

DAS PASST DAZU Zum Lauch-Shiitake-Gemüse schmecken Pellkartoffeln.

Radicchio auf italienische **Art**

Vitaminreich | **2 Personen**
5 Min. | **Sommer/Herbst**

2 mittelgroße Radicchio
1 EL Olivenöl
etwas Kräutersalz
etwas weißer Pfeffer

• • •

Radicchio waschen, abtropfen lassen und der Länge nach halbieren. Im erhitzten Olivenöl die 4 Radicchiohälften, je nach Größe, auf jeder Seite etwa 2 Min. dünsten. — Mit den Gewürzen abschmecken und warm servieren.

GEMÜSE FÜR MITTAGS UND ABENDS

SPIRALIZER

Zucchinispaghetti **mit Limonenseitlingen**

Eiweißreich | **2 Personen** | **20 Min.** | **Sommer**

2 mittelgroße gerade Zucchini
150 g Limonenseitlinge
1 Schalotte
4 EL Olivenöl
einige Stängel frische Glattpetersilie
etwas Kräutersalz

• • •

Die Zucchini waschen, den Strunk abschneiden und die Zucchini mit der Gemüsespaghettimaschine zu Spaghetti drehen. — Die Limonenseitlinge grob säubern, bei Bedarf in Scheiben schneiden. — Die Schalotte schälen und klein würfeln. — 2 EL Olivenöl erhitzen, die Schalotte mit den Limonenseitlingen kurz andünsten. — Die Glattpetersilie waschen, sehr fein hacken und dazugeben. Die Mischung mit sehr wenig Kräutersalz abschmecken. — In einem anderen Topf das restliche Öl erhitzen, die Zucchinispaghetti darin kurz andünsten (sind schnell gar) und mit etwas Kräutersalz würzen. Die Zucchini auf einer Platte anrichten und die Limonenseitlinge darüber verteilen.

Kartoffelspaghetti mit **Spinat** und **Kräuterseitlingen**

Ballaststoffreich | 2 Personen | 20 Min. | Für jede Saison

3 große festkochende Kartoffeln
1 Karotte
1 Handvoll frische Spinatblätter
1 Frühlingszwiebel
12 mittelgroße Kräuterseitlinge
3 EL Olivenöl
1 Handvoll frische Glattpetersilie
Meersalz
gemahlene Bertramwurzel
weißer Pfeffer
1 EL Sesamsalz
gemahlener Koriander

• • •

Die Kartoffeln waschen, schälen und mit der Gemüsespaghettimaschine zu Spaghetti verarbeiten. — Die Karotte waschen, mit der Gemüsebürste säubern und in dünne Streifen schneiden. Den Spinat waschen und etwas klein schneiden. — Die Kartoffelspaghetti, die Karotte und den Spinat im Gemüsedämpfer wenige Min. dünsten (4 bis max. 5 Min.). — Die Zwiebel schälen und klein schneiden. Die Kräuterseitlinge, falls nötig, säubern und klein schneiden. Das Olivenöl erhitzen, die Zwiebeln und die Kräuterseitlinge dazugeben und wenige Minuten dünsten. — Die Petersilie waschen, klein schneiden und am Ende der Garzeit unter die Kräuterseitlinge mischen. Mit den Gewürzen abschmecken und über die Kartoffelspaghetti-Spinat-Mischung geben.

Spaghettikürbis mit **Tahinsauce**

Vitalstoffreich | 2 Personen | 50 Min. | Herbst

kleiner Spaghetti-Kürbis
3 EL Tahin
2 EL Zitronensaft
1 Msp. Cayennepfeffer
1 Msp. schwarzer Pfeffer
2 EL Sonnenblumenöl
4 EL Gemüsebrühe
Kürbiskerne
½ Bund Schnittlauch

• • •

Den Kürbis in reichlich Wasser ca. 30 Min. kochen (er muss sich leicht mit einer Gabel einstechen lassen). — Die Sesampaste mit dem Zitronensaft, den Gewürzen und dem Öl gut verrühren. Den gegarten Kürbis der Länge nach halbieren, Samen und lose Fäden mit einem Löffel entfernen. Mit einer Gabel die »Spaghetti« herausschaben. — Die Gemüsebrühe in einem kleinen Topf erhitzen und zu der Tahinsauce geben. Diese Sauce über die »Spaghetti« gießen und vermischen. — Kürbiskerne ohne Fett in einer Pfanne anrösten und mit dem fein gehackten Schnittlauch über die Spaghetti streuen.

TIPP Tahin ist ein Sesammus und die typische Zutat für Hummus, ein arabisches Kichererbsenpüree. Tahin enthält alle Vorzüge des Sesams, nämlich viel Kalzium, Magnesium und Eisen.

Kohlrabispaghetti mit Spinat und schwarzem Trüffel

Eisenhaltig | 2 Personen | 25 Min. | Winter

2 mittelgroße Kohlrabi
2 Handvoll junger Spinat
1 Frühlingszwiebel
2 EL Sonnenblumenöl
etwas Wasser zum Ablöschen
Kräutersalz
frisch gemahlener schwarzer Pfeffer
etwas frischer schwarzer Trüffel (Feinkostgeschäft im November/ Dezember)

• • •

Die Kohlrabi waschen, schälen und mit der Gemüsespaghettimaschine zu Spaghetti verarbeiten. — Spinat waschen und abtropfen lassen. Sehr große Blätter halbieren oder vierteln. — Die Frühlingszwiebel schälen, klein schneiden und im erhitzten Öl glasig rühren. — Die Kohlrabispaghetti dazugeben und unter ständigem Rühren dünsten. Nach einigen Minuten den Spinat unterrühren und mitdünsten. Mit etwas Wasser ablöschen und mit den Gewürzen abschmecken. — Den Trüffel mit einer Trüffelreibe hauchdünn darüberreiben.

Matteos »Klare« mit Kartoffelspaghetti

Ballaststoffreich | 2 Personen
20 Min. | Für jede Saison

2 große Kartoffeln
1 kleine Zwiebel
2 EL Sonnenblumenöl
¾ l Gemüsebrühe
weißer Pfeffer
etwas Muskat
1 Prise Salz
2 EL Sprossen oder etwas Petersilie zum Garnieren

• • •

Die Kartoffeln schälen und in der Gemüsespaghettimaschine zu langen Spaghetti verarbeiten. — Die Zwiebel schälen, fein würfeln und im Sonnenblumenöl glasig dünsten. — Die Gemüsebrühe dazugeben und die Kartoffelspaghetti in der Gemüsebrühe wenige Min. garen (das geht sehr schnell!). Mit den Gewürzen abschmecken und mit Sprossen oder Petersilie garnieren.

Klare Brühe mit Karottenspaghetti

Vitamin-A-reich | 2 Personen
10 Min. | Für jede Saison

1 gerade Karotte
1 große Kartoffel
1 Frühlingszwiebel
2 EL Rapsöl
etwas Meersalz
Piment
Liebstöckel
Galgant
frisch gemahlener schwarzer Pfeffer
¾ l Gemüsebrühe
einige Stängel Glattpetersilie

• • •

Die Karotte und die Kartoffel waschen und schälen. Erst die Karotte, dann die Kartoffel in der Gemüsespaghettimaschine zu Spiralen schneiden. — Frühlingszwiebel schälen, in kleine Ringe schneiden und im Rapsöl glasig dünsten. Die Gewürze dazugeben und kurz mitdünsten. — Die Karotten- und Kartoffelspirali dazugeben, mit Gemüsebrühe auffüllen. Nach wenigen Minuten sind die Gemüse gar, denn die Gemüsespaghetti sind sehr dünn! — Die Glattpetersilie waschen, klein schneiden und über die Suppe streuen.

GEMÜSE FÜR MITTAGS UND ABENDS

FÜRS BÜRO

Ratatouille

Besonders basisch | 2 Personen
35 Min. | Sommer

1 Aubergine
2 Zucchini
5 Strauchtomaten
2 kleine Zwiebeln
3 EL Olivenöl
Gemüsebrühepulver für ½ Liter
½ TL Thymianblätter
(frisch oder getrocknet)
½ TL Oregano
(frisch oder getrocknet)
1 Prise Meersalz
1 Schale Rukolasprossen

• • •

Die Aubergine waschen, den Strunk entfernen und in Scheiben schneiden. Die Zucchini waschen, den Strunk entfernen und in nicht zu dicke Streifen schneiden. Die Strauchtomaten waschen, putzen und achteln. — Die Zwiebeln schälen und in kleine Ringe schneiden. Die Zwiebeln im Olivenöl glasig dünsten. Aubergine und Zucchini zugeben und leicht andünsten. — Das Gemüsebrühepulver in einer Tasse Wasser auflösen und nach und nach zum Gemüse geben. Auf kleiner Flamme köcheln lassen, die Gewürze sowie die Tomaten dazugeben. Rukolasprossen erst direkt vorm Servieren zugeben. Schmeckt auch kalt sehr lecker.

Fenchel mediterran mit **schwarzen Oliven**

Vitamin-A-reich | **2 Personen** | **20 Min.** | **Sommer**

2 mittelgroße Fenchelknollen
1 kleine Zwiebel
8 Cocktailtomaten
2 EL Olivenöl
1 EL Sesamsalz
frisch gemahlener schwarzer Pfeffer
1 Handvoll schwarze ungefärbte Oliven
etwas Fenchelgrün

• • •

Die Fenchelknollen waschen, die holzigen Stellen der äußeren Schale entfernen und die Knollen halbieren. Sollten die Fenchelhälften zu groß sein, dann den Fenchel vierteln. Etwas Fenchelgrün beiseitelegen. — Die Fenchelteile im Gemüsedämpfer 8 bis 10 Min. garen. — Die Zwiebel schälen und fein schneiden. Die Tomaten waschen, halbieren und mit den Zwiebeln im Olivenöl andünsten. Mit Sesamsalz und Pfeffer würzen. — Die Oliven dazugeben und über das gegarte Fenchelgemüse geben. Wenn möglich das Fenchelgemüse auf der Arbeit erwärmen und mit Fenchelgrün garniert servieren.

Lauchgemüse mit Karotten

Vitamin-A-reich | 2 Personen
20 Min. | Für jede Saison

2 Stangen Lauch
2 mittelgroße Karotten
½ Handvoll frische Brunnenkresse
2 EL Sesamöl
etwas Kräutersalz
frisch gemahlener weißer Pfeffer
1 Prise Koriander
1 Prise Muskatnuss

• • •

Den Lauch gründlich waschen, putzen und in dünne Streifen schneiden. — Die Karotten waschen, mit der Gemüsebürste abreiben und in kleine Stifte schneiden. — Die Brunnenkresse waschen, abtropfen lassen und klein schneiden. — Lauch und Karotten im Gemüsedämpfer wenige Minuten al dente garen. — Das unerhitzte Sesamöl mit den Gewürzen mischen und das gegarte Gemüse darin wälzen. Gemüse und Kresse separat verpackt mit ins Büro nehmen.

Selleriegemüse mit Brokkoli

Mineralstoffreich | 2 Personen
20 Min. | Sommer/Herbst

1 kleiner Knollensellerie
einige Brokkoliröschen
Kräutersalz
frisch gemahlener weißer Pfeffer
2 EL Sonnenblumenöl
1 EL Mandelblättchen

• • •

Sellerie schälen, waschen und in kleine Streifen schneiden. Brokkoli waschen. — Zuerst die Selleriestreifen in das Sieb des Gemüsedämpfers legen und nach wenigen Minuten die Brokkoliröschen dazugeben. — Die Gewürze mit dem Öl vermischen. Selleriestreifen und Brokkoliröschen darin wälzen. — Die Gemüse zum Mitnehmen verpacken. Wenn möglich vorm Verzehr erwärmen und mit Mandelblättchen verzieren.

Cremige Suppe aus Muskatkürbis

Vitalstoffreich | 2 Personen (Vorrat)
35 Min. | Herbst

1 mittelgroßer Muskatkürbis
(oder andere Sorte)
3 mittelgroße Kartoffeln
1 l Gemüsebrühe
etwas weißer Pfeffer
Kurkuma
einige Sellerie- oder Liebstöckelblätter
etwas Petersilie und Schnittlauch

• • •

Den Kürbis aushöhlen, die Kerne herausnehmen und das Fruchtfleisch würfeln und in einen Topf geben. — Die Kartoffeln schälen, in Scheiben schneiden und dazugeben. — Mit der Gemüsebrühe und den Gewürzen aufkochen und 15 bis 20 Min. kochen lassen. — Die Sellerieblätter waschen, klein schneiden und zur Suppe geben. — Petersilie und Schnittlauch waschen und klein schneiden. Die Suppe pürieren, abkühlen lassen und zum Mitnehmen abfüllen. Kräuter separat verpackt mitnehmen.

Cremige **Blumenkohlsuppe**

Ballaststoffreich | 2 Personen | 20 Min. | Sommer/Herbst

1 mittelgroßer Blumenkohl
2 mittelgroße Kartoffeln
1 Karotte
1 Zwiebel
2 EL Sesamöl oder Sonnenblumenöl
frisch gemahlener weißer Pfeffer
Liebstöckel (sog. Maggigewürz)
1 EL Sesamsalz
1 l Gemüsebrühe
etwas frische Glattpetersilie

• • •

Den Blumenkohl putzen, waschen und etwas zerkleinern. Die Kartoffeln mit der Gemüsebürste unter fließendem Wasser säubern, schälen und in Viertel schneiden. — Die Karotte mit der Gemüsebürste unter fließendem Wasser säubern, schälen und in grobe Stücke schneiden. — Die Zwiebel schälen, klein schneiden und in dem Öl glasig dünsten. Mit Liebstöckel, Pfeffer und Sesamsalz würzen. — Den Blumenkohl, die Kartoffeln und die Karottenstücke zu den Zwiebeln geben und mit zwei Dritteln der heißen Gemüsebrühe bedecken, wenige Minuten kochen, aber nicht zerkochen lassen. — Wenn das Gemüse gar ist, die Suppe pürieren, bis sie cremig ist. Eventuell restliche Gemüsebrühe zugeben. Abkühlen lassen und portioniert abfüllen. Vorm Verzehr erwärmen und die gehackte Glattpetersilie dazugeben.

Antipasti aus **Butternut** mit **Oliven**

Vitalstoffreich | 2 Personen | 15 Min. | Herbst

1 kleiner Butternutkürbis
2 EL Sesamöl
1 Handvoll schwarze ungefärbte Oliven
1 EL Sesamsalz
etwas weißer Pfeffer

• • •

Den Butternutkürbis waschen, den Stiel abschneiden, die Schale entfernen und die Kerne mit einem Löffel herausschälen. — Das Kürbisfleisch in 2,5–3 cm dicke, möglichst gleich geformte Scheiben schneiden. — Das Sesamöl erhitzen und die Kürbisscheiben vorsichtig wenige Minuten anbraten, bis der Kürbis gar ist. Am Ende der Garzeit die Oliven dazugeben. Mit Sesamsalz und Pfeffer würzen und servieren oder zum Mitnehmen verpacken.

TIPP Butternut, auch Butternuss genannt, ist ein birnenförmiger Kürbis mit leuchtend gelbem Fruchtfleisch, der besonders aromatisch schmeckt. Er sollte geschält werden und ist fast zu schade für eine Suppe. Lecker schmeckt er auch, wenn Sie seine Scheiben einfach nur in etwas Öl anbraten.

Rote-Bete-Kohlrabi-Salat mit Sesam

Vitalstoffreich | 2 Personen
15 Min. | Sommer/Herbst

1 mittelgroße Rote Bete
1 mittelgroßer Kohlrabi
Zutaten für das Wildkräuter-Dressing (Seite 72)
1–2 EL Sesam

• • •

Rote Bete und Kohlrabi waschen, schälen und auf dem Gemüsehobel raspeln. — Das Wildkräuter-Dressing zubereiten und mit dem Sesam unter die Rote-Bete-Kohlrabi-Mischung geben. — Den Salat vor dem Verzehr einige Stunden durchziehen lassen.

TIPP Wenn Sie Rohkost nicht so gut vertragen, essen Sie den Salat mit vorgekochter Roter Bete. Lassen Sie die Kohlrabi weg, verwenden Sie dafür 2 vorgekochte Rote Bete und schneiden Sie sie in dünne Scheiben. Mischen Sie das Wildkräuter-Dressing (Seite 72) und die Sesamkörner unter die Rote Bete.

Bunter Paprikasalat

Kaliumreich | 2 Personen | 12 Min. | Sommer

je 1 grüne, gelbe und rote Paprika
1 kleine Stange Lauch
10 Kirschtomaten
1 rote Zwiebel
10–15 Basilikumblätter
4 EL kalt gepresstes Olivenöl
Saft von 1 kleinen Zitrone
etwas Meersalz
etwas frisch gemahlener weißer Pfeffer
10–12 schwarze, ungefärbte Oliven
2 EL gehackte Glattpetersilie

• • •

Die Paprika waschen, entkernen und klein würfeln. — Den Lauch ausputzen, waschen und in hauchdünne Streifen schneiden. — Die Tomaten waschen und halbieren. Die Zwiebel klein hacken. — Für das Dressing die Basilikumblätter abwaschen, abtropfen lassen und mit dem Wiegemesser sehr fein hacken. Olivenöl, Zitronensaft, Meersalz und weißen Pfeffer dazugeben und gut verrühren. — Das Dressing mit allen Zutaten vermischen und den bunten Paprikasalat zum Mitnehmen portionsweise abfüllen.

Salat von Urkarotten mit Senfkeimlingen

Vitalstoffreich | 2 Personen
15 Min. | Für jede Saison

4 mittelgroße Urkarotten
1 kleine Zwiebel
Zutaten für das Wildkräuter-Dressing (Seite 72)
1 EL Sonnenblumenkerne oder Sonnenblumenkeimlinge
1 EL Senfkeimlinge

• • •

Die Urkarotten waschen, mit der Gemüsebürste abreiben und auf dem Gemüsehobel raspeln. Die Zwiebel schälen und fein hacken. — Das Wildkräuter-Dressing zubereiten und unter die Karotten und Zwiebeln mischen. — Die Sonnenblumenkerne oder die Sonnenblumenkeimlinge und die Senfkeimlinge über den Salat verteilen.

TIPP Die Urkarotte schmeckt viel süßer und enthält – sofern sie aus biologisch-dynamischem Anbau ist – etwa 40 Prozent mehr Betacarotin als herkömmliche Karotten. Außerdem enthält sie eine beträchtliche Menge Anthocyane – bioaktive Stoffe, die für die herzschützende Wirkung verantwortlich gemacht werden.

Salat von Kohlrabispaghetti

Ballaststoffreich | 2 Personen
15 Min. | Sommer/Herbst

2 große Kohlrabi
½ kleine Zwiebel
Zutaten für das Karotten-Dressing (Seite 72)
Kräutersalz
1 Schälchen Garten- oder Brunnenkresse
1 EL gehackte Paranüsse

• • •

Die Kohlrabi waschen und schälen. Die kleineren Blättchen vom Kohlrabi aufbewahren. — Kohlrabi mithilfe einer Gemüsespaghettimaschine zu dünnen Spiralen verarbeiten. Die Zwiebel schälen, klein würfeln und zu den Kohlrabispaghetti geben. — Das Dressing zubereiten, unter die Kohlrabispaghetti mischen und den Salat bei Bedarf mit Kräutersalz würzen und mit der Kresse und den Paranüssen dekorieren. Zum Mitnehmen Kohlrabispaghetti und Dressing separat abfüllen.

VARIANTE Dieser Salat lässt sich auch sehr gut mit einigen schwarzen Oliven und/oder einigen halbierten Kirschtomaten verfeinern.

< Rotkohl-Orangen-Walnuss-Rohkost

Schwarzer Rettich mit Karottenraspeln

Besonders basisch | 2 Personen
10 Min. | Winter/Frühling

1 großer schwarzer Rettich
1 kleine Karotte
2 EL Sesamöl
Saft von 1 kleinen Zitrone
etwas frisch gemahlener weißer Pfeffer
2 TL Sesamsalz
einige Stängel Glattpetersilie
1 Schälchen Kresse

• • •

Den Rettich mit dem Gemüseschäler schälen und klein raspeln. Die Karotte unter fließendem Wasser bürsten, fein raspeln und mit dem Rettich mischen. — Aus dem Sesamöl, dem Zitronensaft und den Gewürzen ein Dressing zubereiten. Das Dressing unter den Salat mischen. Die Glattpetersilie waschen, klein schneiden und unter den Salat mischen. Die Kresse darüber verteilen. — Diesen Salat können Sie gut auf Vorrat herstellen — er schmeckt ohnehin besser, wenn er etwas durchgezogen ist. Er hält sich im Kühlschrank mehrere Tage.

TIPP Wussten Sie, dass schwarzer Rettich ein super Hausmittel gegen Bronchitis ist, weil er sehr stark entschleimend wirkt? Zudem hat er die größte Basenwirkung. Ein echtes Power-Paket für den Winter.

Rotkohl-Orangen-Walnuss-Rohkost

Vitamin-C-reich | 2 Personen
20 Min. | Winter/Frühling

½ oder 1 kleiner Rotkohl
1 große Orange
1 cm Ingwerwurzel
4 EL Olivenöl
Saft von 1 kleinen Zitrone
Kräutersalz
frisch gemahlener Pfeffer
8 frische Walnusshälften

• • •

Rotkohl putzen, waschen und in feine Streifen hobeln. 5 Min. in kochendem Wasser blanchieren. — Rotkohl abgießen und auskühlen lassen. — Die Orange filetieren und die Ingwerwurzel schälen und ganz fein hacken. Beides mit Olivenöl, Zitronensaft, Kräutersalz und Pfeffer zu einer Marinade verrühren. — Rotkohl, Orangenfilets und die Walnusshälften untermischen und vor dem Servieren 10 Min. durchziehen lassen.

GEMÜSE FÜR MITTAGS UND ABENDS

SCHÖN FÜR GÄSTE

Zuckerschoten mit Ragout aus Kräuterseitlingen

Eiweißreich | 2 Personen | 20 Min. | Sommer

300 g Zuckerschoten
2 kleine Karotten
150 g Kräuterseitlinge
1 Schalotte
4 EL Sonnenblumenöl
1 EL Sesamsalz
etwas Galgant
etwas frisch gemahlener schwarzer Pfeffer
5 Cocktailtomaten
1 Handvoll frische Glattpetersilie

• • •

Zuckerschoten waschen und Enden abschneiden. Karotten gründlich waschen und in dünne Stifte schneiden. Beides im Gemüsedämpfer ca. 10 Min. garen. — Kräuterseitlinge säubern und in dünne Scheiben schneiden. — Schalotte schälen, sehr klein schneiden und in 2 EL Öl glasig dünsten. Die Gewürze und die Kräuterseitlinge dazugeben. — 2 EL Öl mit etwas Sesamsalz und etwas Pfeffer vermischen und unter die Zuckerschoten und Karotten geben. — Tomaten waschen, halbieren und am Ende der Garzeit mit der fein gehackten Glattpetersilie unter die Kräuterseitlinge mischen. Pilzragout mit den Zuckerschoten anrichten.

Hokkaidocremesüppchen mit **Pastinaken**

Vitalstoffreich | 2 Personen | 30 Min. | Herbst

1 mittelgroßer Hokkaidokürbis
2 große Kartoffeln
1 mittelgroße Pastinake
1 mittelgroße Zwiebel
2 EL Kürbiskernöl
2 EL Sesamsalz
frisch gemahlener schwarzer Pfeffer
1 Prise Muskat
etwas Kurkuma
etwas Galgant
1 l Gemüsebrühe
etwas Kürbiskernöl
1–2 cm frischer Ingwer

• • •

Den Hokkaido waschen, Ansatz und Stiel abschneiden und halbieren. Die Kerne mit einem Löffel herausnehmen und den Kürbis in grobe Stücke schneiden. — Die Kartoffeln waschen, schälen und in Scheiben schneiden. Die Pastinake waschen, schälen und in grobe Stücke schneiden. Die Zwiebel schälen und klein schneiden. — Das Kürbiskernöl vorsichtig erhitzen und die Zwiebeln mit den Gewürzen andünsten. Die Kürbis-, Kartoffel- und Pastinakenstücke mit der Hälfte der Gemüsebrühe dazugeben und auf mittlerer Stufe weiter erhitzen. — Ingwer schälen, sehr fein hacken und in die Suppe geben. Wenn die Gemüse gar sind, die Suppe pürieren und so lange weiter Gemüsebrühe zugeben, bis die Suppe eine schöne cremige Konsistenz hat. — Etwas Kürbiskernöl über die Suppe träufeln und servieren.

< Butternutcremesuppe mit sautierten Austernpilzen

Butternutcremesuppe mit sautierten **Austernpilzen**

Vitalstoffreich | 2 Personen | 35 Min. | Herbst

1 mittelgroßer Butternutkürbis
2 mittelgroße Kartoffeln
1 mittelgroße Petersilienwurzel
1 kleine Zwiebel
2 EL Kürbiskernöl
frisch gemahlener schwarzer Pfeffer
1 EL Sesamsalz
gemahlener Bockshornklee
Galgant
Kurkuma
Liebstöckel
Kreuzkümmel
1 l Gemüsebrühe
3 cm Ingwer
150 g Austernpilze
2 EL Sesamöl
einige Stängel Glattpetersilie

• • •

Kürbis waschen, halbieren, schälen, die Kerne entfernen und das Kürbisfleisch grob würfeln. — Kartoffeln und Petersilienwurzel waschen, schälen und in grobe Stücke schneiden. — Zwiebel schälen, klein hacken und im Kürbiskernöl zusammen mit den Gewürzen sehr vorsichtig andünsten — nur auf mittlerer Stufe. Etwas Gemüsebrühe, danach die Petersilienwurzel und die Butternutstücke und die Gemüsebrühe zugeben und mit der restlichen Gemüsebrühe zum Kochen bringen. — Ingwer schälen, sehr klein schneiden und zur Suppe geben. Nach ca. 15 Min. die Suppe pürieren und noch mal mit den Gewürzen abschmecken. — Austernpilze trocken säubern, klein schneiden und im Sesamöl vorsichtig dünsten. Gehackte Glattpetersilie am Ende der Garzeit unter die Pilze mischen. Die Pilze mit etwas Sesamsalz würzen und über die fertige Suppe geben.

Mangoldröllchen mit Kürbisfüllung

Vitalstoffreich | 2 Personen | 35 Min. | Herbst

1 sehr kleiner Hokkaidokürbis
1 mittelgroße Kartoffel
4 kleine Mangoldblätter
½ Bund gemischte Kräuter
(Glattpetersilie oder Schnittlauch)
1 Tasse Wasser
etwas Muskat
etwas frisch gemahlener weißer Pfeffer
etwas Kräutersalz

• • •

Den Hokkaidokürbis mit der Gemüsebürste unter fließendem Wasser abbürsten, halbieren, die Kerne herausschaben und ungeschält in grobe Stücke schneiden. — Die Kartoffel waschen, schälen und in Stücke schneiden. Die Kürbis- und Kartoffelstücke im Gemüsedämpfer ca. 8–10 Min. garen. — Mangoldblätter waschen und im Gemüsedämpfer in wenigen Minuten garen. Die Kräuter waschen und sehr fein hacken. Die Kürbis- und Kartoffelstücke mit etwas Wasser mit dem Zauberstab pürieren, die Gewürze und Kräuter dazugeben und vermischen. Geben Sie nur wenig Wasser dazu, damit die Masse sehr fest bleibt. — Je nach Größe der Mangoldblätter 2–3 EL Kürbis-Kartoffel-Creme auf ein Mangoldblatt setzen und das Blatt aufrollen. Die Rolle kann mit einem Zahnstocher festgehalten werden.

VARIANTE Wenn Sie noch ein bisschen Pep bei diesem Rezept benötigen, können Sie ein wenig Tomatensalsa dazugeben.

Zucchinipuffer mit Steinpilzragout

Eiweißreich | 2 Personen | 60 Min. | Sommer

4 Kartoffeln
1–2 Zucchini
gemischte Kräuter der Saison
Kräutersalz
4 EL Sonnenblumenöl
2–3 mittelgroße Steinpilze
1 kleine Schalotte
wenig Gemüsebrühe
Glattpetersilie
Kerbel
Schnittlauch

• • •

Die Kartoffeln waschen, im Gemüsedämpfer garen, schälen und zerdrücken. — Die Zucchini waschen und raspeln. Die Kartoffeln und die Zucchini mit Kräutersalz und den gemischten Kräutern mischen und alles kurz durchziehen lassen. — 2 EL Öl in der Pfanne heiß werden lassen, die Zucchini-Kartoffel-Masse esslöffelweise in die Pfanne geben und ein wenig flach drücken. Von beiden Seiten bei mittlerer Hitze etwas anbraten. — Für das Steinpilzragout die Steinpilze mit einem Küchentuch abreiben — nicht waschen –, in dünne Scheiben schneiden. Die Schalotte schälen und fein schneiden. Zusammen mit den Pilzen 3–4 Min. in Öl anbraten. — Kräuter waschen und klein hacken. Etwas Gemüsebrühe, die Kräuter und die Gewürze zugeben und das Ragout zusammen mit den Zucchinipuffern sofort servieren.

Hokkaido mit Erbsen und Igel-Stachelbart

Ballaststoffreich | 2 Personen | 35 Min. | Herbst

2 Handvoll frische Erbsen
wenig Gemüsebrühe
1 kleiner Hokkaidokürbis
2 Lauchzwiebeln
2 EL Sonnenblumenöl
1 Handvoll Igel-Stachelbart
Kräutersalz
frisch gemahlener weißer Pfeffer

• • •

Die Erbsen aus ihren Schalen lösen, die Erbsen waschen und in etwas Gemüsebrühe weich dünsten. — Den Hokkaido mit der Gemüsebürste unter fließendem Wasser bürsten, halbieren, die Kerne entfernen und das Kürbisfleisch ungeschält in kleine Streifen schneiden. Beiseite legen. — Die Lauchzwiebeln waschen, schälen, klein schneiden und im erhitzten Öl andünsten. Den Hokkaido dazugegeben und unter ständigem Rühren dünsten. Je nachdem, wie dünn der Hokkaido geschnitten ist, braucht er 15–20 Min., bis er gar ist. — Den Igel-Stachelbart klein schneiden und gegen Ende der Garzeit zugeben. Und alles mit Kräutersalz und Pfeffer abschmecken.

TIPP Igel-Stachelbart oder Pom-Pom blanc ist ein aus China stammender sehr leckerer Pilz. Er enthält viele essenzielle Aminosäuren, Mineralstoffe sowie Zink, Selen und Eisen. Leider ist er nur selten auf dem Markt zu finden.

Gefüllte Kürbisblüten mit Tomatensalsa

Vitalstoffreich | 2 Personen | 45 Min. | Sommer

10 mittelgroße, festkochende Kartoffeln
8 Kürbisblüten
(gibt es nur im Frühjahr und Frühsommer)
1 gute Handvoll Basilikum
Gemüsebrühepulver für ½ Liter
3 EL Olivenöl
250 g reife Tomaten
etwas Meersalz
etwas frisch gemahlener schwarzer Pfeffer

• • •

Die Kartoffeln mit der Schale im Gemüsedämpfer garen. Die Stempel der Kürbisblüten vorsichtig herauslösen. Basilikum waschen (einige Blätter beiseitelegen), abtropfen lassen und sehr klein schneiden. Aus dem Gemüsebrühepulver eine Brühe herstellen. — Die Kartoffeln schälen, klein stampfen und mit dem Olivenöl und so viel Gemüsebrühe vermixen, bis sie die Konsistenz eines Kartoffelpürees haben. Basilikum untermischen und die Kartoffelcreme vorsichtig in die Kürbisblüten füllen. — Eine Auflaufform mit 1 EL Olivenöl auspinseln und die gefüllten Kürbisblüten hineinsetzen. Ca. 15 Min. im Backofen bei 180 °C backen. — Die Tomaten kurz in heißes Wasser geben, die Haut abziehen, die Tomaten klein würfeln und in 2 EL erhitzten Olivenöl kurz andünsten. Salz, Pfeffer und restliche klein gezupfte Basilikumblättchen dazugeben und zu den Kürbisblüten servieren.

Koreanische Gemüsesuppe mit **Meeresalgen** und Lotuswurzeln

Eiweißreich | 2 Personen
15 Min. | Für jede Saison

1 frische Lotuswurzel
2 mittelgroße Karotten
1 kleiner Pak Choi
1 Frühlingszwiebel
1 l Gemüsebrühe
ca. 30 g Wakame-Algen
etwas frisch gemahlener schwarzer Pfeffer
Chili
Kreuzkümmel
Galgant
gemahlener Bockshornkleesamen
gemahlener Koriander
gemahlener Piment
1 EL Sesamsalz
1 EL Bio-Sojasauce

• • •

— Die Lotuswurzel waschen, mit einem Gemüseschäler die dünne Schale entfernen, den Strunk abschneiden und die Lotuswurzel quer in dünne Scheiben schneiden. Die Karotten unter fließendem Wasser mit der Gemüsebürste säubern und in dünne Scheiben schneiden.

— Den Pak Choi waschen, abtropfen lassen, den Strunk herausschneiden und die Blätter in dicke Streifen schneiden. Die Frühlingszwiebel waschen und in feine Ringe schneiden.

— Die Gemüsebrühe erhitzen und Lotuswurzeln, Frühlingszwiebeln, die Karotten, den Pak Choi und die Gewürze – nicht die Sojasauce – dazugeben und 10–12 Min. gar werden lassen. Machen Sie eine Garprobe – die Lotuswurzeln sollten noch knackig sein, aber nicht zu hart.

— Die Wakame-Algen etwa ½ Stunde in warmem Wasser einweichen. Die Algenstücke herausnehmen, abtropfen lassen, in mundgerechte Stücke schneiden und gegen Ende der Garzeit zur Suppe geben.

— Die Suppe auf 2 Tellern anrichten und nach Belieben wenig Sojasauce dazugeben – nicht zu viel – sie ist sehr salzig.

SÜSSES

FÜR MITTAGS UND ABENDS

Birnen-Apfel-Auflauf

Ballaststoffreich | 2 Personen
35 Min. | Herbst

etwas Kokosöl zum Einpinseln
1 Apfel
1 Birne
2 EL Granatapfelkerne
¼ TL Zimt
2 TL Agavendicksaft
Saft von ½ Zitrone
3 EL Kokosöl
2 EL Agavendicksaft
3 EL Mandelmehl
2 TL Kokosmehl
½ TL Zitronenabrieb

• • •

Zwei runde Auflaufförmchen (Durchmesser 11 cm) mit etwas Kokosöl einpinseln. — Den Apfel und die Birnen waschen, vom Kerngehäuse befreien, in kleine Stücke schneiden und mit den Granatapfelkernen in die Auflaufförmchen füllen. — Das Obst mit Zimt, Zitronensaft und 2 TL Agavendicksaft vermischen. — Für die Streusel die restlichen Zutaten zusammenrühren. Wenn es zu bröselig wird, dann noch ein wenig Kokosöl hinzufügen oder umgekehrt mit ein wenig Mandel- oder Kokosmehl nachhelfen. — Die Streusel über das Obst geben und für ca. 25 Minuten bei 175°C in den Ofen geben, bis die Streusel leicht angebräunt sind.

Basische **Früchteplätzchen**

Besonders basisch | 2 Personen | 45 Min. | Für jede Saison

75 g Erdmandelflocken (Chufas Nüssli)
25 g geschroteter Leinsamen
250 ml Quellwasser
30 g Trockenpflaumen
30 g Trockenaprikosen
30 g Trockenfeigen
50 g gemahlene Mandeln
25 g gehobelte Mandeln
1 EL Sonnenblumenöl
30 g Rosinen

• • •

Die Erdmandelflocken und den geschroteten Leinsamen in dem Quellwasser einweichen und mindestens 1 Stunde quellen lassen. — Die getrockneten Pflaumen, die Feigen und die getrockneten Aprikosen ganz klein schneiden. Alle Zutaten miteinander verrühren. — Ein Backblech mit Backpapier auslegen und aus dem Teig Häufchen formen. Auf der mittleren Schiene in den Backofen schieben. Mit Umluft bei ca. 160 °C oder mit Ober- und Unterhitze bei ca. 190 °C 15–20 Min. trocknen lassen.

Basische Beeren-**Kaltschale**

Vitalstoffreich | 2 Personen | 20 Min. | Sommer

250 g reife Bio-Erdbeeren
1 Handvoll Beeren nach Wahl (schwarze oder rote Johannisbeeren, Himbeeren oder Brombeeren, Kirschen)
Saft 1 Orange
1 Stück Schale von 1 Bio-Orange
Mark einer Vanilleschote
2 EL Agavendicksaft
einige Zitronenmelisseblättchen

• • •

Erdbeeren waschen, putzen und halbieren. Die Hälfte der Erdbeeren mit dem Stabmixer pürieren. — Beeren nach Wahl vorsichtig waschen und gut abtropfen lassen. — Orange auspressen, mit dem Mark einer Vanilleschote, Agavendicksaft, dem Stück Orangenschale und dem Erdbeerpüree aufkochen lassen, bis es ein wenig andickt. — Orangenschale entfernen. Beeren nach Wahl hinzufügen und kurz mitkochen. Kaltschale abkühlen lassen und kalt stellen. Dessert mit frischer Melisse anrichten und genießen.

Erdbeer-**Avocado-Creme**

Vitamin-E-haltig | **2 Personen**
10 Min. | **Sommer**

2 reife Avocados
1 Schale reife
Bio-Erdbeeren ca. 250 g
2 EL Kokosöl
1 EL Agavendicksaft
Kokosflocken, Minzblättchen und
Erdbeeren zum Dekorieren

• • •

Die Avocados vorsichtig von Schale und Kern befreien, das Fruchtfleisch in dünne Scheiben schneiden und in den Mixer geben. — Die Erdbeeren waschen, die Blättchen abzupfen und die Erdbeeren zusammen mit dem Kokosöl und dem Agavendicksaft in den Mixer geben. — Die Zutaten miteinander mixen, die Creme in Schalen füllen und mit Kokoksflocken, Erdbeerstückchen und Minze garnieren.

Erdmandel-Nusscreme

Mineralstoffreich | **2 Personen**
10 Min. | **Sommer**

30 g Walnüsse
30 g Mandeln
1 EL Erdmandelflocken
(Chufas Nüssli)
4 Datteln, ungeschwefelt
100 ml Quellwasser
etwa 4–5 Erdbeeren oder andere
Obstsorten der Saison

• • •

Walnüsse, Mandeln, Erdmandelfocken und Datteln zusammen in den Mixer geben und alles zerkleinern. — Etwa 100 ml Quellwasser dazugeben, das Ganze zu einer Creme verrühren und in 2 Schüsseln füllen. — Die Erdbeeren waschen, vom Grün befreien und pürieren. Mit dem Erdbeerpüree einen Fruchtspiegel auf die Creme zaubern.

Basisches **Mangogelee**

Vitaminreich | **2 Personen** | **20 Min. + 2–3 Std. Kühlzeit** | **Frühling/Sommer**

2 reife Mangos
1 EL Kokosmus
15 g Agar-Agar
(pflanzliches Geliermittel)
200 ml Flüssigkeit (entweder
Fruchtsaft oder Wasser)
2 EL Mandelblättchen

• • •

Die Mangos schälen, das Fruchtfleisch vom Kern entfernen und zusammen mit dem Kokosmus in den Mixer geben und pürieren. — Für das Geliermittel 200 ml Flüssigkeit zum Kochen bringen und das Agar-Agar einrühren und für 2 Min. köcheln lassen, danach das Mangopüree einrühren und die Masse sofort in 2 Förmchen füllen. — Das Mangogelee für 2–3 Std. im Kühlschrank fest werden lassen. — Vor dem Servieren die Mandelblättchen in einer beschichteten Pfanne kurz anbräunen und das Mangogelee damit dekorieren.

Die Zeit nach dem Basenfasten

Säurebildendes langsam dazunehmen …

Wenn Sie sich Ihren Erfolg erhalten möchten, nehmen Sie Säurebildner nur langsam wieder in Ihren Speiseplan auf. Setzen Sie weiterhin überwiegend auf gesunde Basenbildner, also Obst, Salate, frische Kräuter und Gemüse; ideal wäre es wenn 80% dessen, was Sie täglich essen und trinken, basenbildend ist.

… und nur in Maßen

Soja- und in geringem Umfang Milchprodukte können Sie jetzt wieder in Ihren Speiseplan aufnehmen. In zu großen Mengen belasten Milchprodukte den Stoffwechsel und die Verdauung. Sojaprodukte sind eigentlich keine Säurebildner, aber durch ihre hohe Eiweißkonzentration schwer verdaulich und deshalb zumindest während des Basenfastens nicht geeignet.

Säurebildner machen im Idealfall nur 20% Ihres Essens und Trinkens aus. Sie können also prinzipiell alles wieder essen – Brot, Pasta, Käse, Fleisch, Fisch, Kaffee oder andere Säurebildner – nur nicht mehr so viel davon. Schon allein dadurch, dass Sie nicht mehr so viele Säurebildner verzehren, tun Sie Ihrem Stoffwechsel und Ihren Organen auf Dauer etwas Gutes.

Gute Säurebildner

Es ist natürlich nicht ganz egal, welche Säurebildner Sie verzehren. Es macht einen Unterschied, ob Sie täglich 20% mit Cola, Kaffee, Brötchen und Süßigkeiten füllen, oder ob die 20% aus Vollkornbrot, Hirse oder aus Hülsenfrüchten bestehen. Denn neben der Eigenschaft, Säuren oder Basen zu bilden, spielen auch die Nährstoffe der Lebensmittel eine wichtige Rolle, und Vollkornbrot enthält unangefochten mehr Nährstoffe als eine Tasse Kaffee oder als ein Stück Schokolade. Ich unterscheide daher zwischen guten und schlechten Säurebildnern. Gute Säurebildner haben trotz ihrer Säurewirkung einen großen gesundheitlichen Wert und gehören zu einer gesunden und basenreichen Ernährung dazu. Als gute Säurebildner bezeichne ich diejenigen Lebensmittel, die nur schwache Säurebildner sind und dem Körper nebenbei jede Menge wertvoller Vitalstoffe liefern und wenig den Stoffwechsel belastende Zusatzstoffe enthalten.

- Vollkorngetreide, auch Pseudogetreide
- Hülsenfrüchte: Linsen, Bohnen, Mungobohnen, Adzukibohnen, Sojabohnen, Kichererbsen
- Nüsse (nur Mandeln und frische Walnüsse sind basenbildend)
- Sojaprodukte
- Artischocken, Spargel, Rosenkohl
- grüner und weißer Tee

Fleisch: ja oder nein?

Ob Fleisch, Fisch und Milchprodukte zu einer ausgewogenen Ernährung gehören, darüber kann man sich streiten. Ich meine, Milchprodukte sind in kleinen Mengen vertretbar. Auch ein Fischgericht, einmal die Woche, ist im Rahmen einer ausgewogenen Ernährung zu empfehlen. Wenn Sie sich nicht viel aus Fleisch und Wurstwaren machen, dann essen Sie diese so selten wie möglich. Sie leben mit zu wenig Fleisch in jedem Fall gesünder als mit zu viel. Dasselbe gilt für Milchprodukte.

Zusatzstoffe und Co.

Zusatzstoffe wie Farbstoffe, Aromastoffe, Antioxidanzien, Geschmacksverstärker und Emulgatoren finden sich heute in den meisten Nahrungsmitteln. Sie werden allgemein sehr verharmlost und so genau weiß man nicht, ob nicht die Zunahme an Nahrungsmittelunverträglichkeiten mit ihnen zusammenhängen kann. Viele dieser Stoffe wirken nicht direkt säurebildend, belasten aber den Stoffwechsel zusätzlich. Wenn Sie überwiegend frische Lebensmittel selbst zubereiten, können Sie Zusatzstoffe weitgehend vermeiden.

Die nächste Basenfasten-Kur

Wenn Sie sich langfristig gesund erhalten wollen, dann reicht einmal Basenfasten natürlich nicht aus. Die Erfahrung zeigt, dass 1- bis 2-mal im Jahr Basenfasten für 1 oder 2 Wochen ideal ist. Ob Sie nun genau nach 6 Monaten oder erst nach 8 Monaten wieder eine Basenfastenwoche einlegen, das hängt von Ihrem Lebensstil, Ihren persönlichen Lebensumständen und Ihrem Gesundheitszustand ab. Wichtiger aber ist, wann Sie persönlich das Bedürfnis nach einer Basenfasten-Kur haben. Spätestens dann wird es Zeit, nur noch Gemüse und Obst einzukaufen.

Ihr täglicher »Basen-Check«

Als Hilfestellung, wie Sie »Basisches« in Ihren Alltag integrieren können, machen Sie diesen kleinen Check jeden Tag:

- Woher erhalte ich heute mein Obst und Gemüse?
- Wo baue ich heute meine Bewegung ein?
- Wie komme ich heute zu ausreichender Erholung?

Dieser Check jeden Tag hilft ungemein. So geht Ihnen das »basische Denken« in Fleisch und Blut über. Denn basisches Denken bezieht sich nicht nur auf Essen – auch Bewegung und Erholung gehören dazu.

Der basische Tag für zwischendurch

Wenn Sie hin und wieder einen rein basischen Tag einlegen, betreiben Sie aktive Vorsorge, damit Ihr Stoffwechsel gar nicht erst wieder »versauert«. Ideal wäre ein 100 % basischer Tag pro Woche. Und so geht's:

Morgens:

- Trinken Sie nach dem Aufstehen 1 Glas heißes Wasser von Quellwasserqualität oder 1 Tasse Ingwertee. Das reinigt und kurbelt die Verdauung an.
- Essen Sie zum Frühstück 1 Apfel oder 1 Banane oder trinken Sie einen frisch gepressten Saft. Verwenden Sie hierfür 1 oder 2 Karotten – sie entgiften die Leber.
- Kochen Sie sich die 1. Kanne Kräutertee (1 Beutel auf 1 l Quellwasser) und trinken Sie den Tee bis mittags auf. Sie können auch Wasser trinken.
- Kaufen Sie sich 2 bis 3 Gemüsesorten und 1 bis 2 Salatsorten der Saison, auf die Sie Lust haben.

Mittags:

- Bereiten Sie sich einen leckeren Rohkostteller aus grünem Salat und Karotten-, Navets- oder Rettichsalat mit einem basischen Dressing und frischen Sprossen. Im Sommer ist ein Tomatensalat mit Basilikum und Oliven lecker.
- Kochen Sie die 2. Kanne Kräutertee, die Sie bis abends leeren.
- Machen Sie am Nachmittag einen ausgedehnten Spaziergang, joggen oder walken Sie oder gehen Sie schwimmen und anschließend in die Sauna.

Abends:

- Essen Sie noch vor 19 Uhr eine basische Gemüsesuppe oder ein kleines basisches Gemüsegericht. Gehen Sie an diesem Abend früh zu Bett.

Feedback von begeisterten Leserinnen

Oskar-reif

Hallo Frau Wacker, für diese Art zu Fasten haben Sie meiner Meinung nach den Oskar verdient. Heute ist mein 11. Basenfastentag und ich faste ohne jegliche Probleme. Und der frische Ingwertee macht süchtig. Schmeckt mir viel besser als Kaffee.

9 Kilo abgenommen

Hallo Frau Wacker, ich bin letztes Jahr im April auf Ihr Kochbuch Basenfasten gestoßen und habe mich bis dato mit Basenfasten nicht beschäftigt. Habe dann 2 Wochen gefastet und 9 Kilo abgenommen, außerdem war mein Wohlbefinden viel besser als sonst. Ich habe versucht, danach zu leben, doch manchmal esse ich auch ganz normal. Jetzt ist wieder der Punkt gekommen, an dem ich 2 Wochen fasten möchte. Danke für die tolle Beschreibung in Ihrem Buch und die tollen Rezepte. Grüße aus Duisburg.

Kein Hungern!

Ich muss zugeben, nach unzähligen Diätversuchen, die nie lange vorhielten, habe ich mir auf Empfehlung einer Freundin dieses Buch bestellt, um nun endlich meinem Ziel »Gewichtsverlust« näher zu kommen. Das Buch ist sehr verständlich und gut aufgebaut und man hat es schnell durchgelesen.
Ich habe mich eine Woche an die Rezepte gehalten, die auch wirklich lecker und abwechslungsreich sind und habe ganze 4 Kilo abgenommen, ohne auch nur ansatzweise zu hungern! Obwohl ich mittlerweile wieder relativ normal esse, habe ich auch das Gewicht gehalten. Daher werde ich demnächst wieder eine komplette Basenfastenwoche einlegen, um weitere 3 kg zu verlieren.

Ganz großes Lob!

Sehr geehrte Frau Wacker, ich wollte Ihnen nur ein Lob aussprechen für die tolle Methode Basenfasten. Wenn man Ihre Bücher liest, bleiben eigentlich keine Fragen offen. Ich habe schon eine tolle Woche mit Basenfasten geschafft und bleibe dabei. Ganz großes Lob!

Basische Gemüsesuppe ist der Renner

Liebe Frau Wacker, habe zwei Wochen Basenfasten gemacht und kann nur positiv berichten: Meine Haut ist viel klarer, ich habe 4 Kilo abgenommen und meine Zellulite ist so gut wie weg. Ich hatte keinen Hunger, die Rezepte waren problemlos in den Alltag zu integrieren, mein Mann möchte am liebsten jetzt jeden Abend basische Gemüsesuppe und meine Tochter ist begeistert von der Spiralimaschine. Vielen Dank für Ihr tolles Kochbuch, habe mir gleich noch den Einkaufsführer (»Basenfasten: richtig einkaufen«) und das Buch für Eilige (»Basenfasten für Eilige«) gekauft. Will versuchen, ein bis zwei Basenfastentage in der Woche einzulegen.

Total begeistert!

Hallo Frau Wacker, nun wollte ich Ihnen endlich mitteilen, dass ich von Ihrem Kochbuch total begeistert bin. Ich habe einige Rezepte ausprobiert (mit den Suppen kann sich auch mein Mann anfreunden) und es ist alles sehr lecker. Auch meine Spaghettimaschine wird nun wieder öfter benutzt.

Was Ernährung alles anstellen kann!

Ich bin von einer Freundin aufmerksam gemacht worden auf das Basenfasten und hatte es mal ausprobiert, weil mich das als Koch interessiert, was mit dem Körper passiert, wenn man eine Woche das Basenfasten betreibt. Und ich bin sehr begeistert, denn Basenfasten ist keine Diät, sondern einfach mal eine Entschlackung und Entgiftung für den Körper. In den ersten 2 Tagen merkt man sehr schnell, wovon man abhängig ist: Kaffee, Nikotin und vor allem Zucker. Nach 5 Tagen fühlte ich mich sauwohl und absolut wach und lebensfreudig.

Nach 7 Tagen Basenfasten hatte ich 5 Kilo abgenommen. Was Ernährung alles anstellen kann! Für alle, die schon immer mal Fasten wollten, aber nicht nichts essen können.

Mein **Dank geht** an

Claudia Kruchten, die seit Jahren ausgebildete Basenfasten-Beraterin ist und zudem Thermomix-Profi. Sie hat einige Basenfasten-Rezepte Thermomix tauglich gemacht und eigene Rezepte entwickelt.

Und wenn Sie hin und wieder keine Lust haben, selbst zu kochen, dann gönnen Sie sich ein paar Tage in einem der nach Wacker zertifizierten Basenfasten-Hotels, die Sie gerne mit basischen Köstlichkeiten verwöhnen.

Stichwortverzeichnis

Rezept- und Zutatenverzeichnis

F

G

H

I

J

K

L

M

N

O

P

Q

R

Rezepte nach Jahreszeiten

Herbst

Winter

Für jede Saison

Empfehlungen von Sabine Wacker

Im Folgenden finden Sie weiterführende Empfehlungen

Bezugsquzellen und Internetadressen

Wacker Shop: www.bleibwacker.com

Übersicht über die nach Wacker zertifizierten Basenfasten-Hotels: www.basenfasten.de

Bibliografische Information der Deutschen Nationalbibliothek
Die Deutsche Nationalbibliothek verzeichnet diese Publikation in der Deutschen Nationalbibliografie; detaillierte bibliografische Daten sind im Internet über http://dnb.d-nb.de abrufbar.

Programmplanung: Uta Spieldiener
Redaktion: Anne Bleick, Stuttgart
Bildredaktion: Christoph Frick, Nadja Giesbrecht

Layout und Umschlaggestaltung:
CYCLUS Visuelle Kommunikation, Stuttgart

Bildnachweis:
Fotos im Innenteil: S. 4, S. 20, S. 31, S. 37, S. 39, S. 43: © Alliance/stock.adobe.com – Stockfoto. Von einem Model gestellt.
Umschlagfoto und alle Rezeptfotos: Meike Bergmann, Berlin
Die abgebildeten Personen haben in keiner Weise etwas mit dem Thema zu tun.

5. Auflage 2021

Printed in Germany

Satz und Repro: Fotosatz Buck, Kumhausen
Druck: AZ Druck und Datentechnik GmbH, Kempten
Gedruckt auf chlorfrei gebleichtem Papier

ISBN 978-3-432-11517-7 2 3 4 5 6

Auch erhältlich als E-Book:
eISBN (ePub) 978-3-432-11518-4

Wichtiger Hinweis: Wie jede Wissenschaft ist die Medizin ständigen Entwicklungen unterworfen. Forschung und klinische Erfahrung erweitern unsere Erkenntnisse. Ganz besonders gilt das für die Behandlung und die medikamentöse Therapie. Bei allen in diesem Werk erwähnten Dosierungen oder Applikationen, bei Rezepten und Übungsanleitungen, bei Empfehlungen und Tipps dürfen Sie darauf vertrauen: Autoren, Herausgeber und Verlag haben große Sorgfalt darauf verwandt, dass diese Angaben dem Wissensstand bei Fertigstellung des Werkes entsprechen. Rezepte werden gekocht und ausprobiert. Übungen und Übungsreihen haben sich in der Praxis erfolgreich bewährt.

Eine Garantie kann jedoch nicht übernommen werden. Eine Haftung des Autors, des Verlags oder seiner Beauftragten für Personen-, Sach- oder Vermögensschäden ist ausgeschlossen.

Marken, geschäftliche Bezeichnungen oder Handelsnamen werden nicht in jedem Fall besonders kenntlich gemacht. Aus dem Fehlen eines solchen Hinweises kann nicht geschlossen werden, dass es sich um einen freien Handelsnamen handelt.

Wo datenschutzrechtlich erforderlich, wurden die Namen und weitere Daten von Personen redaktionell verändert (Tarnnamen). Dies ist grundsätzlich der Fall bei Patienten, ihren Angehörigen und Freunden, z. T. auch bei weiteren Personen, die z. B. in die Behandlung von Patienten eingebunden sind.

Thieme wendet sich gleichermaßen an Menschen jeder Geschlechtsidentität und nennt Autor*innen konkrete Beispiele, wie sie alle Lesenden gleichberechtigt ansprechen können. Die Ansprache aller Menschen ist ausdrücklich auch dort intendiert, wo im Text (etwa aus Gründen der Leseleichtigkeit, des Text-Umfangs oder des situativen Stil-Empfindens) z.B. nur ein generisches Maskulinum verwendet wird.

Saisonkalender **Obst**

	FRÜHJAHR			SOMMER			HERBST			WINTER		
	M	A	M	J	J	A	S	O	N	D	J	F
Ananas	•	•	•	•	•	•	•	•	•	•	•	•
Äpfel	• •	• •	• •	•	•	A	S	O	N	• •	• •	• •
Apfelbananen	•	•	•	•	•	•	•	•	•	•	•	•
Apfelsinen	•	•	•	•	•	•	•	•	•	•	•	•
Aprikosen			•	•	J	A	•	•	•	•	•	•
Bananen	•	•	•	•	•	•	•	•	•	•	•	•
Birnen	•	•	•	•	•	A	S	O	N	• •	• •	•
Brombeeren			•	•	J	A	S	•	•	•	•	
Clementinen	•	•	•	•	•	•	•	•	•	•	•	•
Cranberries								•	•	•	•	
Datteln						•	•	•				
Erdbeeren			M	J	J	•						
Granatäpfel							•	•	•	•		
Grapefruits	•	•	•	•	•	•	•	•	•	•	•	•
Guaven	•	•	•	•	•	•	•	•	•	•	•	•
Heidelbeeren	•	•	•	•	J	A	•	•	•	•	•	•
Himbeeren	•	•	•	J	J	A	S	•	•	•	•	•
Holunderbeeren				•	•	•	S	O	•			
Honigmelonen	•	•	•	•	•	•	•	•	•	•	•	•
Johannisbeeren				J	J	A	•	•	•	•		
Kapstachelbeeren (Physalis)	•	•	•	•	•	•	•	•	•	•	•	•
Khaki	•	•	•	•	•			•	•	•	•	•
Kirschen				J	J	A	•	•				
Kiwis	•	•	•	•	•	•	•	•	•	•	•	•
Kumquats	•	•	•	•	•	•	•	•	•	•	•	•
Limetten	•	•	•	•	•	•	•	•	•	•	•	•

- Heimisches Obst (Saison in Deutschland)
- Eingelagertes Obst (nicht frisch geerntet)
- ● Importiertes Obst (nicht heimisch)

	FRÜHJAHR			SOMMER			HERBST			WINTER		
	M	A	M	J	J	A	S	O	N	D	J	F
Litchis	●	●	●	●	●	●	●	●	●	●	●	●
Mandarinen	●	●	●	●	●	●	●	●	●	●	●	●
Mangos	●	●	●	●	●	●	●	●	●	●	●	●
Maracujas	●	●	●	●	●	●	●	●	●	●	●	●
Maronen	●						●	●	●	●	●	●
Maulbeeren					●	●						
Mirabellen					●	A	●	●				
Nektarinen	●	●	●	●	J	A	S	●	●	●	●	●
Orangen	●	●	●	●	●	●	●	●	●	●	●	●
Pampelmusen	●	●	●	●	●	●	●	●	●	●	●	●
Papayas	●	●	●	●	●	●	●	●	●	●	●	●
Pfirsiche	●	●	●	●	J	A	S	●	●	●	●	●
Pflaumen	●	●	●	●	J	A	S	O	●	●	●	●
Preiselbeeren	●	●	●		J	A	S	●	●	●	●	
Quitten	●	●	●					O	N	●	●	●
Rhabarber		A	M	J								
Satsumas	●	●	●	●	●	●	●	●	●	●	●	●
Sanddornbeeren							S	O	N			
Sharonfrucht	●	●	●	●	●	●	●	●	●	●	●	●
Stachelbeeren	●	●	●	J	J	●	●	●	●	●	●	●
Sternfrüchte	●	●	●	●	●	●	●	●	●	●	●	●
Walnüsse	●	●	●	●	●	●	●	O	N	●	●	●
Wassermelonen	●	●	●	●	●	●	●	●	●	●	●	●
Weintrauben	●	●	●	●	●	A	S	O			●	●
Zitronen	●	●	●	●	●	●	●	●	●	●	●	●
Zwetschgen	●	●	●	●	J	A	S	O	●	●	●	●

Saisonkalender **Gemüse**

	FRÜHJAHR			SOMMER			HERBST			WINTER		
	M	A	M	J	J	A	S	O	N	D	J	F
Auberginen	•	•	•	J	J	A	S	•	•	•	•	•
Austernpilze	M	A	M	J	J	A	S	O	N	D	J	F
Avocados	•	•	•	•	•	•	•	•	•	•	•	•
Blumenkohl/Romanesco	•	•	M	J	J	A	S	O	•	•	•	•
Brokkoli	•	•	M	J	J	A	S	O	N	•	•	•
Brunnenkresse	M	A	M									
Champignons	M	A	M	J	J	A	S	O	N	D	J	F
Chicorée	M	•	•	•	•	•	•	O	N	D	J	F
Chinakohl	M	A	M	J	J	A	S	O	N	D	J	F
Eichblattsalat/Eisbergsalat			M	J	J	A	S	O	N			
Endiviensalat	•	•	M	J	J	A	S	•	•	•	•	•
Erbsen	•	•	•	J	J	A	•	•	•	•	•	•
Feldsalat	• •	• •	•	•	•	•	• •	O	N	D	J	F
Fenchel	•	•	•	J	J	A	S	O	•	•	•	•
Friseesalat					J	A	S	O	N	D		
Frühlingszwiebeln			M	J	J	A	S	O				
Grüne Bohnen			M	J	J	A	S	O				
Grünkohl								•	N	D	J	F
Gurken		•	•	J	J	A	S	O				
Kartoffeln	•	•	•	J	J	A	S	O	•	•	•	•
Keimlinge	M	A	M	J	J	A	S	O	N	D	J	F
Knollensellerie	•	•			J	A	S	O	N	•	•	•
Kohlrabi	•	•	M	J	J	A	S	O	N	•	•	•
Kopfsalat/Lollo rosso	•	• •	M	J	J	A	S	O	•	•	•	•
Kresse	M	A	M	J	J	A	S					
Kürbis						•	S	O	N	•	•	•
Lauch	M	A							N	D	J	F
Löwenzahn	M	A	M									
Mangold	•	•	M	J	J	A	S	O	N	D	•	•
Meerrettich							S	O	N			

■ Heimisches Gemüse (Saison in Deutschland)

○ Eingelagertes Gemüse (nicht frisch geerntet)

● Importiertes Gemüse (nicht heimisch)

	FRÜHJAHR			SOMMER			HERBST			WINTER		
	M	A	M	J	J	A	S	O	N	D	J	F
Morcheln		A	M	J								
Möhren	○	○	○	J	J	A	S	O	○	○	○	○
Pak Choi	●	●	●	●	●	●	●	●	●	●	●	●
Paprika					J	A	S	O				
Pastinaken	M						S	O	N	D	J	F
Petersilienwurzel							S	O				
Pfifferlinge				J	J	A	S	O	N			
Radicchio	●	●	●	○●	J	A	S	O	○●	●	●	●
Radieschen	●	A	M	J	J	A	S	O	●	●	●	●
Rettich	●	●	M	J	J	A	S	O	N	●	●	●
Rote Beete	M	A	M	J	J	A	S	O	N	D	J	F
Rotkohl	○	○	○	J	J	A	S	O	N	D	J	F
Rukola	●	A	M	J	J	A	S	O	N	●	●	●
Sauerampfer			M	J	J	A						
Schwarzwurzel								O	N	D	○	○
Shiitake	●	●	●	●	●	●	●	●	●	●	●	●
Spinat	●	A	M	J	J	A	S	O	N	○	●	●
Spitzkohl	●	●	M	J	J	A	S	O	N	●	●	●
Stangensellerie	●	●	●	J	J	A	S	O	N	●	●	●
Steckrüben								O	N	○	○	○
Steinpilze				J	J	A	S	O				
Süßkartoffeln	●	●	●	●	●	●	●	●	●	●	●	●
Teltower Rübchen								O	N	D		
Tomaten				○	J	A	S	O				
Topinambur	M							O	N	D	J	F
Weißkohl/Wirsing	M	A	M	J	J	A	S	O	N	D	J	F
Wildkräuter	M	A	M	J	J	A						
Zucchini				J	J	A	S	O				
Zwiebeln	○	○	○	○	J	A	S	O	○	○	○	○

… mehr „Basenfasten – die Wacker-Methode®“

Sabine Wacker
Basisch essen
€ 19,99 [D] / € 20,60 [A]
ISBN 978-3-432-10502-4

Von derselben Autorin

Schön durch Basenfasten
€ 14,99 [D] / € 15,50 [A]
ISBN 978-3-432-11158-2

Basenfasten für Eilige
€ 14,99 [D] / € 15,50 [A]
ISBN 978-3-432-10350-1

Basenfasten zum Abnehmen
€ 16,99 [D] / € 17,50 [A]
ISBN 978-3-432-10867-4

Bequem bestellen über
www.trias-verlag.de
versandkostenfrei innerhalb Deutschlands

Stand 3/2021: Preisänderungen und Irrtum vorbehalten 21PGN7